修昔底德四论

任军锋 著

华东师范大学出版社
·上海·

华东师范大学出版社六点分社　策划

关注中国问题
重铸中国故事

缘　　起

在思想史上,"犹太人"一直作为一个"问题"横贯在我们的面前,成为人们众多问题的思考线索。在当下三千年未有之大变局中,最突显的"中国人"也已成为一个"问题",摆在世界面前,成为众说纷纭的对象。随着中国的崛起强盛,这个问题将日趋突出、尖锐。无论你是什么立场,这是未来几代人必须承受且重负的。究其因,简言之:中国人站起来了!

百年来,中国人"落后挨打"的切肤经验,使我们许多人确信一个"普世神话":中国"东亚病夫"的身子骨只能从西方的"药铺"抓药,方可自信长大成人。于是,我们在技术进步中选择了"被奴役",我们在绝对的娱乐化中接受"民主",我们在大众的唾沫中享受"自由"。今日乃是技术图景之世界,我们所拥有的东西比任何一个时代要多,但我们丢失的东西也不会比任何一个时代少。我们站起来的身子结实了,但我们的头颅依旧无法昂起。

中国有个神话,叫《西游记》。说的是师徒四人,历尽劫波,赴西天"取经"之事。这个神话的"微言大义":取经不易,一路上,妖魔鬼怪,层出不穷;取真经更难,征途中,真真假假,迷惑不绝。当下之中国实乃在"取经"之途,正所谓"敢问路在何方"?

取"经"自然为了念"经",念经当然为了修成"正果"。问题是:我们渴望修成的"正果"是什么?我们需要什么"经"?从哪里"取经"?取什么"经"?念什么"经"?这自然攸关我们这个国家崛起之旅、我们这个民族复兴之路。

清理、辨析我们的思想食谱,在纷繁的思想光谱中,寻找中国人的"底色",重铸中国的"故事",关注中国的"问题",这是我们所期待的,也是"六点评论"旨趣所在。

点　点

2011.8.10

Contents 目录

1　帝国的政治理论——修昔底德与希罗多德
The Political Theory of Empire: Thucydides and Herodotus

5　一、帝国足迹:吕底亚、波斯、雅典……
The Trail of Empire: Lydian, Persian, Athenian…

9　二、帝国政体:民主制、寡头制与君主制
The Constitution of Empire: Democracy, Oligarchy and Monarchy

15　三、帝国兴衰:神力与人力
The Rise and Fall of Empire: Divine Power and Human Power

19　四、帝国悖论:扩张与萎缩
The Paradox of Empire: Expansion and Contraction

25　帝国、政治与哲学——柏拉图与修昔底德
Empire, Politics and Philosophy: Plato and Thucydides

31　一、阿里斯托芬的"第三只眼睛"
Aristophanes' "Third Eye"

37　二、"被哲学咬伤"的亚西比德
Alcibiades "Bitten by Philosophy"

41　三、苏格拉底的哲学课:柏拉图与亚西比德
Socrates' Philosophia Odyssey: Plato and Alcibiades

48　四、"以哲学为业"与"以政治为业"
"Wissenschaft als Beruf" and "Politik als Beruf"

52　为"政治人"申辩——修昔底德与亚西比德
In Defense of "Political Man": Thucydides and Alcibiades

53　一、"领袖民主制"及其遗产
"Führerdemokratie" and Its Legacy

55 二、雅典党争旋涡中的亚西比德
Alcibiades in Athenian Civil Strife

64 三、流亡著作家笔下的流亡政治家
Politician in Exile Penned by Historiographer in Exile

68 四、修昔底德的申辩
The Apology of Thucydides

---

72 "立法诗"与"悲剧诗"——霍布斯与修昔底德
"Legislative Poetry" and "Tragic Poetry": Hobbes and Thucydides

75 一、英译修昔底德《战记》:学术志业与帝国事业
Translating Thucydides into English: Academic Aspiration and Imperial Ambition

81 二、《狴希莫》:修昔底德式的"背面战场"
Behemoth: Thucydidean "Stasis"

89 三、霍布斯与修昔底德:政治科学与政治史学
Hobbes and Thucydides: Political Science and Political History

96 四、修昔底德式的"悲剧诗"与霍布斯式的"立法诗"
Thucydidean "Tragic Poetry" and Hobbesian "Legislative Poetry"

---

99 后记

帝国的政治理论
——修昔底德与希罗多德

在西方古典史著传统中,希罗多德(约公元前484—前425年)与修昔底德(约公元前460—前400年)构成其中当之无愧的"双子星座"。两人年龄相差二十岁左右,属两代人,但彼此交集甚多,他们都生逢盛世雅典,目睹黄金时代的雅典在伯里克利领导下,帝国权势蒸蒸日上,他们都亲历伯里克利去世后雅典民主政坛日趋昏聩,帝国事业江河日下,直至最终一败涂地。

罗马政治家兼哲学家西塞罗将希罗多德尊为"历史之父",[①]意在凸显希罗多德所开创的新的文学精神,即实证主义的科学精神、理性主义的思维方式。由于所涉事件年

---

① 西塞罗:《论法律》,王焕生译,上海人民出版社2006年,I—5。

代久远,希罗多德不得不在不同的传闻或口述版本之间相互对勘,某些希罗多德本人无法确认的事实,便索性将其并置,交给读者去鉴别真伪,在吸引听众注意力、激发其智识的同时,营造故事的现场感。

对于希罗多德的上述努力,修昔底德却颇有微词,他这样写道:"关于战争当中发生的事件,我不是偶然听到什么就认为值得记下来,也不以我个人的看法为准;……我的记述没有故事传奇,对听众而言,很可能难以引人入胜。"①修昔底德坚信,无论从战争规模还是后果来说,波斯战争都无法与伯罗奔尼撒战争匹敌,"过去最大的事件就是波斯战争了,不过,仅两场海战和两场陆战便决出胜负。但是,这场(伯罗奔尼撒)战争旷日持久,它带来的灾难,在希腊,在同样长的时段,还未曾有过"。②

受修昔底德上述论断直接或间接影响,在后世史家眼里,修昔底德的著史方法据说更为客观,主题更加重要,修昔底德,而不是希罗多德,被他们奉为事实上的"历史之父"。与此同时,吊诡的是,以传记作家普鲁塔克为代表的评论家更是将希罗多德视为"谎言之父"。③ 然而,若揆诸

---

① 修昔底德:《伯罗奔尼撒战争史》,何元国译,社会科学文献出版社 2017 年,I—22.1。
② 修昔底德:前揭,I—23.1。
③ 普鲁塔克:"论希罗多德的《历史》是充满恶意的著述",见《普鲁塔克全集》(VI),席代岳译,第 1577—1620 页。

希罗多德和修昔底德文本本身,这显然是后世研究者出于一厢情愿的误会所致。事实却是,无论是修昔底德还是希罗多德,他们在考订事实原委的同时,都有着极强的创作欲。平心而论,创作,是包括史诗、戏剧、哲学、历史在内的一切著述形式的应有之义。任何文本,只要形诸文字,都涉及材料的选取、编排的次第、高妙的修辞等著述家所谓的"主观因素"。因此,在著述方面,修昔底德并不比希罗多德更"客观"。[1] 即便伯罗奔尼撒战争的规模和持续时间远超希波战争,但这并不意味着有了修昔底德,希罗多德便不再重要,更何况,所谓的规模和持续时间,只不过是表象,希波战争与伯罗奔尼撒战争有着性质上的根本差异,希罗多德的地位并未因修昔底德的出现而降低分毫。

在希罗多德心目中,曾经的波斯帝国正是目下雅典帝国的对应物,而在修昔底德心目中,目下的雅典帝国将是一切未来帝国的对应物。修昔底德宣示说,《伯罗奔尼撒战争史》必将与日月同辉,与天地同久,同样,希罗多德坚信,《历史》将穿越时光隧道,存亡继绝。希罗多德透过历史审视当下,修昔底德透过当下展望未来。希罗多德透过波斯的入侵,揭示希腊世界的分崩离析、各图侥幸,斯巴达

---

[1] Dionysius of Halicarnassus, "On Thucydides", in *Critical Essays* vol. I, trans. By Stephen Usher. Harvard University Press, 1974. PP.456—633.

借波斯之手打压雅典的精心算计,雅典政治家巧于弥缝的足智多谋,斯巴达与雅典之间的"暗斗"跃然纸上。而修昔底德则将雅典与斯巴达之间的"明争"发挥得淋漓尽致,洞悉潜藏于希腊世界这一公开争斗背后的心理和精神玄机。

在希腊世界从自发性的联盟秩序向强制性的帝国秩序过渡的关键时刻,希罗多德与修昔底德,都是有着强烈泛希腊情怀和视野的政治史家。从希罗多德到修昔底德,历史、当下、未来交相辉映,浑然一体。他们透过手中的如椽之笔,记录帝国兴衰,洞悉导致帝国陆沉的深层机理。无论是希罗多德,还是修昔底德,他们都是有着强烈现实关怀和济世使命的政治理论家。

帝国的政治理论不是"货与帝王家"的资政报告,他们并不以"苟有用我者"自居或者自期,他们将深沉委婉的教诲嵌入直白的历史叙事当中,将深邃犀利的洞见潜藏于精致的故事结构之中。在希罗多德和修昔底德那里,解释世界与改造世界,可以说互为表里,他们在描述世界的同时,也在解释世界,而解释世界的过程本身,也是理论家努力改造世界的过程。帝国的政治理论是深沉委婉的悲剧史诗,是垂宪后昆的精神镜鉴,是灵魂净化的实验田,是政治教育的思想现场。而政治教育,正是政治理论家们借以重塑人心、改造世界的津梁。

一、帝国足迹:吕底亚、波斯、雅典……

希波战争与伯罗奔尼撒战争前后相继,希罗多德与修昔底德相映成趣。正是透过伟大著述家的过人识见、如椽之笔,波澜壮阔的时代才得以如希罗多德希冀的那样,避免岁月的锈蚀,即便历经时间湍流冲刷,依然保持其持久耀眼的光芒,成为照亮并警示后世的永久精神灯塔。

在《历史》开篇,希罗多德即开宗明义,自己的著述旨趣在于:"保存人类的功业,使之不致由于年深日久而被人们遗忘,为了使希腊人和蛮族人的那些令人赞叹的丰功伟绩不致失去光彩,尤其是把他们走向战争的根由公之于世。"①

在《伯罗奔尼撒战争史》序言中,修昔底德即明确指出:"我首先要记载的是,他们(斯巴达人和雅典人)撕毁和约的原因、相互责难的理由以及分歧所在,以使后人明了希腊人中间发生的如此大规模战争从何而起。我相信,战争真正的原因,尽管不太为人所知,是势力壮大的雅典人,引起拉刻代蒙(斯巴达)人的恐惧,从而迫使他们开战。"②

权势与恐惧相互强化,彼此推涨,这是修昔底德针对政

---

① 希罗多德:《历史》,王以铸译,商务印书馆1997年,第1页。本书所引希罗多德相关译文有更动。
② 修昔底德:前揭,I—23.1。

治世界的核心动力机制所做的经典概括,也是希罗多德笔下帝国生存的基本样态。波斯当初是米底帝国治下偏安一隅的山地小部落,后在居鲁士的带领下,僭权夺位,经略八方,威震亚细亚和地中海世界,这引起作为米底帝国睦邻的吕底亚人的惊惧。面对迅速崛起的波斯,作为吕底亚帝国的最高统治者,克洛伊索斯必须做出政治决断,发动一场"预防性战争",先发制人,消除隐患,他需要"权衡在波斯势力尚未崛起之前,将其扼杀于萌芽状态"。①

然而,事与愿违,这场由克洛伊索斯首先发动的战争,其结果非但未达成预期的目标,反而使吕底亚遭到波斯吞并。从吞并吕底亚帝国开始,波斯帝国自此步吕底亚帝国的后尘,走上了先发制人式的"预防性战争"的不归路,伊奥尼亚、亚述、巴比伦、马萨革泰、埃及……,从大流士到薛西斯,波斯先后两次剑指希腊,最终兵败如山倒,波斯人蒸蒸日上的帝国事业从此一蹶不振。从居鲁士、冈比西斯、大流士到薛西斯,波斯帝国历经四朝,从偏安一隅的小部落成长为雄霸亚细亚、傲视欧罗巴的大帝国,波斯最终与希腊一战,折戟沉沙。波斯人的这一经历,为帝国兴衰这一母题平添了又一个生动的注脚,正如希罗多德所言:"任何城邦,无论是雄霸一方,抑或微不足道,我都将一视同仁。曾经不

---

① 希罗多德:前揭,I—46。

可一世的城邦,如今却变得默默无闻;先前不起眼的城邦,在我的时代迅速崛起为不容小觑的大邦。"①

修昔底德庚续先贤,帝国兴衰的母题不绝如缕,一以贯之。修昔底德移步换景,希罗多德笔下作为雅典帝国历史缩影的波斯帝国,如今是雅典帝国本身。在修昔底德笔下,伯里克利领导下的雅典帝国如日中天,伯里克利去世后,雅典却陷入内外交困,从克里昂、尼西阿斯再到亚西比德,雅典一路走衰,最终滑入万劫不复的深渊。

帝国的建立,乃发端于对外来威胁的恐惧,消弭恐惧,则需要不断增加权势。然而,权势在消弭恐惧的同时,却在制造新的恐惧。权势与恐惧之间的这种悖谬式颉颃,构成政治世界的根本动力。

帝国一朝确立,绝不意味着自此可以一劳永逸、高枕无忧。恰恰相反,帝国要求从统治者到人民保持高度警觉,时刻准备采取一切手段,消除任何可能的威胁,如敌对势力的颠覆图谋,无论这种威胁是现实存在的还是想象中的。主动出击、先发制人,是帝国实现自保的基本手段,是帝国行为的常态。不遗余力、扩张权势,是帝国生存的根本逻辑。因此,帝国主义,是帝国政治的基本走向,是帝国的核心价值观和主导意识形态。伯罗奔尼撒战争前夕,斯巴达同盟

---

① 希罗多德:前揭,I—5。

代表大会上,雅典过客慷慨激昂、义正词严地宣称,正是荣誉、恐惧和利益迫使雅典人走上帝国扩张之途。在这位雅典过客眼里,弱者受制于强者,是政治世界亘古不变的法则:"人们只要有机会用暴力获取利益,正义就抛到脑后!"①

帝国的征途没有归途,伯里克利指出,雅典人即便遭人嫉怨仇视,必须学会处之泰然,安之若素,他进一步警告说,过去取得这个帝国也许是不义的,如今放弃这个帝国肯定是极端危险的。安逸无为,图一时苟安,这与帝国的生存之道在根本上是背道而驰的。帝国统治与僭主统治本质上无异,"对于那些想要统治他邦的人来说,遭人一时的仇恨和厌憎总是难免的。志在成就大业者,会坦然接受别人的嫉妒,正确地加以判断。憎恨持续的时间不会长,而伟大行动带来的当下的荣耀和以后的声名将永远留在人们的记忆里"。②

雅典远征西西里前夕,在那场围绕是否有必要出征的激辩中,亚西比德指出,与其坐等强敌来犯,不如攻其不备、先发制敌。"人不要只等着强者来进攻,而要抢先下手使得他不能前来进攻。我们不能像管理家事一样控制我们霸权的范围,既然我们已经处于这个位置上,就必须保住现有

---

① 修昔底德:前揭,I—75.1。
② 修昔底德:前揭,I—64.5。

的属邦,还必须谋划扩展其范围。因为我们停止统治别人,我们就有被别人统治的危险。你们不应该考虑跟别人一样袖手旁观,除非你们将把自己的习惯也改得与他们一样。"① 亚西比德坚信,绝不能满足于当下的帝国霸权,安于现状,雅典要有效节制属邦,稳住帝国根基,必须主动出击,不断扩展帝国自身的安全半径。

薛西斯挥师远征希腊前夕,面对叔父的劝阻,薛西斯就波斯帝国所面临的迫不得已的现实处境指出:"我心里明白,如果我们不采取行动,希腊人也不会因此善罢甘休。揆诸以往的经验,他们一旦将萨尔迪斯付之一炬,觊觎亚细亚,他们便会得寸进尺,侵犯波斯本土。双方都不可能有退路。要么主动进攻,要么被动挨打,没有中间选择。不是波斯臣服希腊,就是希腊接受波斯的统治。这就是波斯人与希腊人彼此仇视的根源,双方没有任何妥协的余地。"②

二、帝国政体:民主制、寡头制与君主制

修昔底德指出,"雅典名义上是民主政体,实际上权力掌握在第一人手里"。③ 伯里克利时代,雅典政体的基本结

---

① 修昔底德:前揭,VI—18.2。
② 希罗多德:前揭,VII—11。
③ 修昔底德:前揭,II—65.9。

构表现为法理程序上的民主制与实际运转中的君主制。在伯里克利主政下的雅典,民主制与君主制互为表里,相互加持,形成具有极强伯里克利个性色彩的"君主式的民主制"。

显而易见,伯里克利这样的"君主"当然不是氏族世袭制下的王,而是经过广场群众检选的人民领袖,是"领袖民主制"的典型。凭借其过人的政治德行和政治才干,伯里克利是一位能够约束并领导群众的人民领袖,而不是如克里昂那样迁就甚至操弄舆论的蛊惑家。对于政治家伯里克利,修昔底德这样评论道:"他以自由人的方式约束群众,是他领导群众,而不是群众领导他。群众若骄横狂傲,他便发言挫其锐气,使之有所畏惧;反过来,若畏惧过甚,则又使之满怀信心。"① 就这样,群众与领袖、民主与君主,在伯里克利时代的雅典最终磨合成一种罕见的政治均衡。雅典人在这一时期能够确立三个自信,即典范民主、无敌舰队、文教中心,雅典国势蒸蒸日上,帝国事业生机勃勃,所倚重的根基正是雅典政治体中这一罕见的"伯里克利式均衡"。

《伯罗奔尼撒战争史》第二卷,修昔底德通过四个具体案例,生动揭示了上述均衡的具体运转方式:1. 斯巴达大兵压境,同时派特使前往雅典,试图不战而屈人之兵,迫使雅

---

① 修昔底德:前揭,II—65.9。

典缔结城下之盟。对此,伯里克利预先提出动议,即在大兵压境的情况下,拒绝一切斯巴达来使,不接受斯巴达任何谈判条件;2. 战争初期,伯里克利坚持陆上防御、海上主动出击的作战战略,即主动放弃郊区财产,人口迁入城市。斯巴达则反其道而行之,派大军屡犯北境,抢掠或破坏雅典人的郊区财产。对此,伯里克利早有预判,斯巴达国王很可能顾及私人交情,或故意挑起雅典民众对伯里克利本人及其战略动机的怀疑,对他本人在郊外的土地房产网开一面。为预先消除民众的疑虑,伯里克利在公民大会上公开表示,若斯巴达国王唯独放过他本人的郊外财产,他愿意将其全部充公,从而避免授人以柄,保持雅典针对斯巴达的战略定力,即"做好战争准备,将城外的财产撤回城内,不要出城列阵作战,而要入城防御,准备好他们的强项海军,置盟邦于掌控之中"。① 3. 阿卡奈是雅典最大的村社,也是重装步兵的主要来源地。斯巴达军队占领阿卡奈,抢收庄稼、毁坏家园,同时在当地屯兵扎营。斯巴达此举引起雅典城内舆论哗然,许多人一时间义愤填膺、摩拳擦掌,要求出城作战,这时的伯里克利自然成了他们的怨府,他们认定目前雅典人面临的困顿、遭受的羞辱,都是伯里克利一手造成。小不忍则乱大谋,伯里克利坚信不出城作战是完全正确的。当

---

① 修昔底德:前揭,II—13.2。

此之时,伯里克利不召集公民大会和其他任何军事会议,以免民众被一时的情绪左右,铸成大错。与此同时,伯里克利还采取积极措施,使城内恢复平静,派小股骑兵阻击敌人。看到雅典并未出于激愤出城作战,斯巴达最终不得不撤军回国;4.内有瘟疫肆虐,外有斯巴达大兵压境,雅典人的心理防线开始松动,他们派使节前往斯巴达议和,却无功而返,他们再次将矛头转向伯里克利。伯里克利随即召开公民大会,发表长篇演讲,辨明是非,痛陈利害,厘清国家公益相对于个人私利的优先性。①

对于雅典来说,民主毋宁是一把"双刃剑":一方面,民主制动员起雅典人空前的政治热情,参与公共事务成为雅典人日常生活的一部分,法律面前人人平等,才能而非身份,成为得到城邦重用从而施展个人抱负的基本要件,那些不参与公共事务的局外人则往往被视为无用之人。透过伯里克利那篇著名的国葬演说,修昔底德将雅典人的制度自信和盘托出,城邦、帝国、政治俨然成为新一代雅典人的公民信仰,雅典人的国家意识透过民主制而得到空前强化,民主制成为雅典走向强大的重要推动力,对此,希罗多德曾洞见:"雅典走向繁荣的关键在于,城邦公民彼此平等,这种平等不是在某一方面,而是在一切方面。曾几何时,雅典人

---

① 修昔底德:前揭,II—60.1—65.5。

处于僭主的统治之下,他们在战争中的表现并不比其他国家更出色,然而一旦摆脱了僭主的桎梏,他们便脱颖而出,元气满满。这就充分表明,若人们遭受压迫,完全为主人劳作,他们只会磨洋工,绝对不会尽心竭力。而一旦人们得到解放,获得自由,劳动成果与劳动者切身利益密切相关,他们就会不遗余力。"①

另一方面,民主制对领导人的才干和德行也提出了空前的挑战。有伯里克利这样的将国干才,帝国事业蒸蒸日上,而一旦失去这样的领导人,雅典便陷入进退失据、茫然不知所措的困顿境地。有伯里克利的雅典民主与伯里克利缺席的雅典民主,其实际运转绩效可谓形同天壤。修昔底德将伯里克利治下的雅典民主与之后的雅典民主两相反衬,将伯里克利的行迹与其身后的政治家的作态彼此对观,其中的教诲可谓深沉且委婉。

伊奥尼亚人叛离波斯,米利都僭主阿里斯塔哥拉斯前往希腊请援,在斯巴达国王那里吃了闭门羹之后,阿里斯塔哥拉斯在雅典公民大会上巧言令色,使出浑身解数,最终得到了雅典人的鼎力援助,此举也成为雅典与波斯正式结怨的开端,也为波斯远征希腊埋下了祸端。对此,希罗多德评论道:"看来,真好像欺骗许多人比欺骗一个人更容易些,

---

① 希罗多德:前揭,V—78。

因为他不能欺骗一个人,即拉凯戴孟的克里欧美涅斯,但是他却能欺骗三万雅典人。"①

冈比西斯死后,波斯宫廷陷入权位之争,波斯太守之子大流士发动政变。事成之后,政变集团内部就波斯未来的政体展开激辩,即波斯究竟应该推行民主制、寡头制还是僭主制?在首先听取了关于民主制和寡头制的主张后,大流士总结指出,大众情绪变化无常,愚不可及却自以为是,他们行事肆无忌惮且不负责任。若将统治权交给民众,只能使公共事务被群众盲目的激情左右,国家大政方针朝令夕改,民众精神被政治毒化。大众不问是非、立场先行,彼此恶意中伤,这就给那些坏分子留下了可乘之机,他们趁机蛊惑群众,以民主之名行暴政之实,民主制实在是搞垮一个国家的利器。将统治权交给一批优秀人物组成的寡头集团,集思广益、群策群力、卓越为公,这只不过是一厢情愿的臆想罢了。实际情形却是,寡头集团内部经常派系林立、勾心斗角、倾轧不断,争之不胜,便铤而走险,刀兵相向、血流成河,最终强势人物出场,收拾残局,行独裁之政。因此,无论是民主制还是寡头制,均不可避免地走向独裁之治。万法归宗,在大流士看来,行一人之治的君主制是最好的统治方法,它同样可以捍卫自由,况且,君主制也是波斯人相沿已

---

① 希罗多德:前揭,V—97。

久的祖宗之法,不可轻易改动。

可见,波斯有君主制之名,也有君主制之实,而雅典即便没有君主制之名,依然无法摆脱君主制之实。共和政制方案的提出,其要旨并非如现代共和革命者所冀望的那样取缔君主,甚至暴力弑君,而是意在改良君主制,在充分发挥一人之治的决断效能的同时,防止其走向任性自专。希罗多德和修昔底德关于君主制的深刻洞见提示我们,古-今政体之别的核心或许并不在君主与共和之间,所谓中-西之异的关键并不在民主与专制之间,其中的关键问题端在于构造怎样的"新君主",如何在遴选堪当大任的领导者的关键时刻,保持国家的大局底定。

三、帝国兴衰:神力与人力

神力与人力之间的纠葛,是贯穿希罗多德《历史》始终的一条精神主线。"神不过只是让我们尝到生命的倏忽即逝的一丝甜味。"①无论是一个人还是一个国家,神绝对不会让其永远交好运,"神不过是让人一瞥幸福的一个影子,随后便将他们推入毁灭的深渊"。②

无论是不可一世的克洛伊索斯,还是好运连连的波律

---

① 希罗多德:前揭,VII—46。
② 希罗多德:前揭,I—32。

克拉铁斯,抑或"王中之王"薛西斯,均无法逃脱命运之轮的摆布。神是嫉妒的,他打压强者,不许他们为所欲为,作威作福。神用雷电击毁那些高大的树木或建筑物,同理,声势浩大的波斯大军最终败给了弱小的希腊联军,正是神的嫉妒心从中作祟的结果,"神由于嫉妒心而在他们中间散布恐慌情绪,或打下雷霆,结果,他们就白白地死去了。命运一视同仁,大军会败给弱旅。君不见,神除了自己之外,不容许任何人我行我素"。① 与希腊联军交战前夕,波斯海军遭遇风暴,损失泰半,希罗多德评论道,"这一切均出自天意。神使波斯军力丧失了绝对优势,这样他们就和希腊军力约略相当了"。②

对于人间的恶,神从来都报应不爽,即便现世不报,那也只是时间未到。吕底亚国王坎道列斯强行晒幸福,怂恿宠臣巨吉斯偷窥王后胴体,王后遭此羞辱,便以牙还牙,借刀杀人,诱使巨吉斯弑君篡位。巨吉斯僭取权位,向神慷慨捐纳,以图得到神的谅解甚至眷顾。然而,神对邪恶的报复并不会因为作恶者的慷慨而稍减,巨吉斯的那笔债须由他的第五代孙克洛伊索斯来偿还。

克洛伊索斯统治期间,尊崇祖制,对神礼敬有加。在攻打日益对自己的帝国构成威胁的东临波斯之前,克洛伊索

---

① 希罗多德:前揭,VII—10。
② 希罗多德:前揭,VIII—13。

斯特地派使者请示神谕,神谕说他将毁灭一个"帝国"。克洛伊索斯听后大喜过望,向神庙慷慨奉献,期待神祇能够庇佑吕底亚人国祚永续,自己家族永葆权位不坠。尽管克洛伊索斯精心筹划,而且坚信自己蒙神庇佑,怎奈造化弄人,人算不如天算,与波斯一役,吕底亚军队遭遇惨败,克洛伊索斯本人沦为居鲁士的阶下囚。被俘后的克洛伊索斯得到居鲁士的允准,派使者前往德尔斐,谴责神的"忘恩负义",神庙女祭司却不依不饶、反唇相讥,说当初神谕中提及的即将被战争毁灭的"帝国"并非波斯,而是吕底亚。克洛伊索斯在未真正弄清楚神谕之前便轻举妄动,落此下场实乃咎由自取,丝毫怨不得神。

沃格林指出,如果说在希罗多德笔下,人类对神力介入的奥秘还保留有一丝战栗,那么,在修昔底德笔下,这种战栗已经踪迹全无。①

伯罗奔尼撒战争前夕,斯巴达派人去德尔斐问神,与雅典开战是否上策,神答复说,"如果他们尽力一战,胜利将属于他们;还说,无论他们是否来吁请神明,神明都将助一臂之力"。② 对于这道神谕,即便雅典人不想知道,斯巴达人也会想方设法让他们知道。但在修昔底德笔下,雅典人似乎并不

---

① 沃格林:《天下时代》,叶颖译,译林出版社 2018 年,第 263 页。
② 修昔底德:前揭,I—118.3。

怎么关心神谕,他们真正关注的是雅典的财力和军力。战争前夕,在公民大会上,"第一公民"伯里克利即对雅典相对于斯巴达的财政和海军优势做了格外细致的分析,而且认定只要雅典保持战略定力,胜利一定属于雅典人。

在雅典人的心目中,权力意志已然取代了神力意志,是人而不是神,才是世间万物的尺度。强者尽可以对弱者为所欲为,弱者只能听凭强者的摆布,这是亘古不变的自然法则。雅典人将这一法则奉为金科玉律,且心安理得。在那场令现代读者颇感惊悚的弥罗斯对话中,针对弥罗斯人提出的关于神明、命运、正义方面的主张,雅典代表理直气壮地反驳道:"至于神明的恩惠,我们认为自己得到的将不会比你们的少。因为我们的正当要求和所作所为没有逾越人类对神明的信仰,也没有逾越人类的道德准则。通过不可动摇的自然法则,主宰着凡自己有能力统治的领域,就人类而言,我们清楚这是真理;就神明而言,我们可以推知这也是真理。这项法则不是我们制定的,而且我们也不是第一个遵循它。我们继承过来,并将把它留给今后千秋万代。我们只是遵循它而已,我们知道,要是你们或者别人具有和我们一样的实力,也会这么做的。因此,在神明的恩惠方面,我们有理由不害怕自己得到的较少。"①

---

① 修昔底德:前揭,V—105.2.—3。

西西里远征大军出征前夕,雅典城内赫尔密石像遭损毁,对此,雅典人的第一反应,不是神力君临人世、警示雅典人的朕兆,而是一小撮别有用心的人妄图推翻民主政体、僭权自专的阴谋。雅典城内随即展开了一场规模空前的"猎巫"行动,亚西比德政的敌们顺水推舟、落井下石、趁机上位,在政治上彻底搞垮亚西比德的同时,也为自己赢得了民主政体捍卫者的令誉。对于亚西比德的遭遇及其行迹,修昔底德用了三卷的篇幅做了集中描绘,亚西比德作为"政治人"的化身,他以自己的行迹将政治人的辛苦遭逢演绎得淋漓尽致。有关修昔底德为政治人亚西比德所做的申辩,本书后文将集中讨论。

随着雅典人的权势日增、国势日隆,对神力的恐惧让位于对权力的迷信,他们追逐权势、扩张帝国,努力将自身打造成坚不可摧的强者。然而,悖谬的却是,雅典人被无法餍足的权势欲裹挟,这种权势欲带给雅典人的不是和谐与幸福,而是持续的躁动不安,而要平抚或消除这种不安,唯一的途径只能是不断扩张权势、竭尽所能,甚至不择手段。

四、帝国悖论:扩张与萎缩

西西里远征,雅典在军事上遭遇重挫,在修昔底德笔下,其根源在于后伯里克利时代雅典政坛的恶性党争。在修昔底德看来,远征决策本身并没有错,错就错在决策具体实施不力,城邦内部勾心斗角,导致前线军心涣散,否则,依照雅典战前的军事和财政储备,战胜斯巴达实在易如反掌。可以想见,同样的事件若放在希罗多德笔下,西西里远征无疑是嫉妒的天神对人世的干预,是神力对雅典人表现出的傲慢无礼的可怕惩罚。

权势欲在个体身上,往往表现为无法控制的情欲,如怂恿宠臣一睹王后胴体的坎道列斯,爱上弟媳继而迷恋上其女儿即自己亲侄女的薛西斯,两起事件都引发当事者妻子的残酷报复,进而成为一连串导致重大政治后果的事件的导火索。

在君王那里,权势欲会使他们丧失理智,甚而陷于执迷不悟。吕底亚帝国威风八面,作为帝国领袖的克洛伊索斯志得意满、睥睨列国。堆积如山的金银财宝,令人艳羡的帝国威权,使克洛伊索斯迷失了自我,封闭了心智,他非但不能领会哲人梭伦深沉且委婉的教诲,反而嘲笑哲人愚不可及、不接地气。也正是帝国寻求扩张的权势欲,使克洛伊索斯一厢情愿地以为,神谕中言及的那个即将被战争毁灭的帝国,必然是波斯帝国,而不是自己所主导的吕底亚帝国。

遭遇灭国之后,克洛伊索斯如梦方醒,当初被权势迷障的僭主,如今蜕变为能够穿透过去、现在与未来的梭伦式的哲人。新晋帝国领袖居鲁士对梭伦的教诲心有共鸣,对克洛伊索斯的遭遇也颇有共情,便将克洛伊索斯奉为座上宾,对其建议言听计从,两人也成为无话不谈的莫逆之交。居鲁士最终将克洛伊索斯聘为太子太傅,并叮嘱其尽心竭力辅佐储君冈比西斯治国理政,以图波斯帝国江山永固。然而,人算不如天算,事与愿违,在与马萨革泰人的战争中,居鲁士最终却落得身首异处。波斯远征埃及期间,眼见冈比西斯的疯狂举动,克洛伊索斯力图劝阻,冈比西斯怒不可遏,克洛伊索斯险些丧命。

权势欲更能使帝国的民众迷失心窍,进而走向癫狂。如果说伯里克利能够凭借其杰出政治家的德行才干,约束并领导雅典民众,防止雅典人的帝国事业误入歧途,那么,后伯里克利时代的雅典政治家却争相蛊惑民众的权势欲望,他们操弄舆论,消灭政敌,惟恐人后,无视国之大局,谋权夺利,不遗余力。

在修昔底德笔下,斯巴达与雅典,表面上是希腊世界两大军事集团之间的权力角逐,实际却是希腊人精神世界的"古-今之争",是传统与"现代"之间的终极较量。透过科林斯人之口,修昔底德对斯巴达和雅典各自代表的精神类型做了如下比较:"他们(雅典)倾向于革新,敏于计划,并把心中的想法付诸实施;而你们(斯巴达)倾向于保守既有的东西,墨守成规,连最必要的行动都不采取。再有,他们敢做超出自己能力的事,孤注一掷,面对危险满怀希望;而你们所做之事配不上自己强大的实力,连万无一失的判断都不相信,在危险面前认为自己毫无解脱的希望。还有,他们行事迅速,你们迟疑拖沓;他们四海为家,你们安土重迁;他们四海为家是为了获得什么东西,你们若外出,就担心国内现成的东西受损。战胜敌人时,他们穷追猛打;被敌人打败时,毫不气馁。……如果事情得手,他们就把它当作实现目标的一小步;如果尝试一番,失败了,他们反而有了新的希望,去弥补损失。……他们终其一生吃大苦,耐大劳,冒危险,几乎不享受手中的果实。因为他们贪得无厌。他们把履行自己的职责看作唯一的节日,对他们来说,辛苦忙碌不算什么,平安无事倒成了不幸。……他们生来就是自己不安宁又让别人不得安宁的人。"①

即便雅典人军事上落败,但这并未妨碍他们在精神上赢得完胜。雅典人敢为天下先,屹立潮头,以民主灯塔为傲,以全希腊的楷模自居,带领希腊人走向海洋,以发财为荣,以新奇为尚,与时俱进,四海为家,一时间整个希腊唯雅典马首是瞻。伯里克利自信满满,声言雅典帝国本身已然成为不朽的精神丰碑,"我们不需要荷马的歌颂,也不需要其他任何世人的、取悦于一时的诗篇,它们的真实性将由于人们的怀疑而受损。我们以大无畏的精

---

① 修昔底德:前揭,I—71。

神闯入每一片海域、每一块陆地,所到之处一同留下胜利或失败的永久纪念"。① 这无疑是雅典人充满"现代"底气的"精神胜利法"。伯里克利坚信,即便雅典帝国速朽,雅典人所代表的"现代"精神已然不朽,必将成为后世人们顶礼膜拜并竞相追逐的潮流。

伯里克利宣称,雅典人爱好精美之物却不失节俭,爱好智慧却不至于柔弱,财富被作为行动之本而非炫耀之资。② 对雅典人来说,贫穷不是耻辱,不去努力摆脱贫穷才是耻辱。这与其说是帝国领袖对帝国民众精神品质的事实描述,还不如说是"第一公民"典礼演说不得不采用的政治修辞,更是修昔底德透过伯里克利之口传达给雅典人乃至后世的精神教诲。事实却是,在帝国繁荣的外表下,是各种品级的智术师式观念形态和行为模式的甚嚣尘上,他们巧言令色、是非颠倒、伪诈权变、见利忘义、弱肉强食。欲窥帝国光鲜外表之下的社会细部,我们需要借助阿里斯托芬的慧眼,阿里斯托芬表面嬉笑怒骂,内里却沉郁忧伤,透过白描式的喜剧笔法,喜剧诗人生动勾勒出帝国民情风俗的蜕变轮廓。③

---

① 修昔底德:前揭,II—41.4。
② 修昔底德笔下伯里克利针对盛世雅典人精神品格的"描述"与希罗多德《历史》末尾居鲁士对波斯人的警告,适成耐人寻味的呼应。
③ 阿里斯托芬:《阿里斯托芬喜剧集》,罗念生译,上海人民出版社 2020 年。

欲窥帝国民众灵魂的细部,我们需要借助柏拉图的哲人之眼,其中《理想国》第八卷有关五种政体的演化次第,可以说是一部雅典人的精神畸变的历史活剧,而整部《理想国》完全可以作为一面观察帝国民众灵魂不断遭到锈蚀的"透镜"。从吕底亚到波斯,从波斯到雅典,从雅典到整个希腊,帝国统治此消彼长,权势转移,寻求富强的母题却不绝如缕,一脉相承。与这一母题相伴随的,是新时代人们精神世界的蜕变和萎缩,"正义是强者的利益"(341A),"窃钩者诛,窃国者侯"(344C),"称傲慢为有礼,放纵为自由,奢侈为慷慨,无耻为勇敢"(561A),"当权的像老百姓,老百姓像当权的"(562E)。①

与帝国征程伴随着的,是一曲慷慨的英雄战歌,又何尝不是一曲沉郁的命运悲歌!在雅典帝国征程的始发站,修昔底德与希罗多德,帝国的政治理论所开启的绝非一场庆祝式狂欢,它启发的毋宁是一场"悲剧性沉思"的开端。

---

① 柏拉图:《理想国》,顾寿观译,吴天岳校注,岳麓书社2018年。

帝国、政治与哲学
——柏拉图与修昔底德

在西方精神传统格局中,理想与现实、应然与实然、理论与历史、理论生活与政治生活、哲人与城邦、哲学与政治构成了持久的矛盾甚至冲突:前者表现为苏格拉底-柏拉图-斯多葛-圣奥古斯丁一系的"哲学"思想传统,而后者则表现为智术师-伯里克利-修昔底德-色诺芬-伽图-普鲁塔克-马基雅维利-霍布斯一系的"政治"理论传统。前者以探索本源性"真理"为职志,强调知识的逻辑圆融和自足,后者则以城邦公共事务为取向,智识服务实践,思想指向行动,真理服从政治。如果说古希腊早期两种传统尚能相互容摄、你来我往、彼此激荡,而随着伯里克利的去世和伯罗奔尼撒战争中雅典帝国的覆灭,哲人与城邦、哲学与政治从此便渐行渐远,进而分道扬镳,甚至形同水火,终成势不两立之势。而在之后的西方思想传统中,哲学相对于城邦、沉思的生活相对于政治的生活获得了绝对的优越地位,虽然晚至马克思和尼采力图颠覆这一等级秩序,但上述状况并未得到根本扭转。① 有鉴于此,笔者试图以柏拉图和修昔底德的相关著述和理论视野为轴心,缕述政治与哲学这一内在于西方大传统的张力的精神基源,从而为汉语知识界认识西方进而反思自身的处境和使命提供某种可能的进路。

柏拉图与修昔底德,西方精神传统中的两位思想巨擘,虽生平隔代,从著述对象到理论视野,却相向而立、辉映成趣,且格外耐人寻味。柏拉图妙笔生花,以 35 篇对话编织出的巨幅画卷为其师苏格拉底树碑立传,修昔底德则以其手中如椽之笔,为雅典帝国谱写一曲悲壮的"天鹅之歌"。柏拉图曲尽其美,为哲学辩护,为哲人的生活方式辩护,他深信只有"哲人世界"才体现真善美,与城邦社会的"意见世界"充斥的假恶丑适成对照,灵魂超越城邦,哲学高于政治。② 修昔底德深沉委婉,为政治辩护,为帝国说项,作为曾经的帝国海军将领,修昔底德对"政治世界"面临的种种迫不得已洞若观火,在政治角斗场上,要么统治要么被统

---

① 阿伦特:《人的条件》,王寅丽译,上海人民出版社 2018 年,第一章,第 1—13 页。
② 柏拉图:《裴洞篇》,王太庆译,商务印书馆 2013 年,80a—84c;107a—110b。

治,几无折中余地,身处其中的"政治人"辛苦遭逢,力征经营、干戈寥落,备尝命运之歌的悲凉。"政治人"时刻需要与"魔鬼"打交道,既要警惕国家内外敌人的虎视眈眈,又须以过人意志扼制不时抬头的"心魔",诸如自以为是、自负任性。柏拉图以其师苏格拉底的"爱智"之旅为载体,展现哲人的率性自足,哲学爱欲的独立不羁、不假外求,修昔底德则借助雅典帝国的盛衰,呈现"政治人"的委曲求全、虚与委蛇,以及以权力的攫取和使用为核心的政治爱欲在实践中导致的手段与目的之间的悖谬。

在《理想国》开篇,柏拉图便通过哲人苏格拉底与智术师忒拉绪马霍斯之间的对驳,展现哲学与政治之间的紧张,尽管忒拉绪马霍斯早早退场,但其主张始终在场,并被后续对话者格劳孔和阿德曼托斯做了更为极端化处理,迫使哲人作出更有说服力的回应。然而,在之后西方精神传统两千余年的迁变过程中,柏拉图和修昔底德、哲学与政治这一张力格局却不断被消解,具体表现为柏拉图一系哲学传统衍生出的关于政治的观念和主张日趋占据主导。

《理想国》中那则关于洞穴的著名比喻,城邦(政治)被贬抑为虚幻且阴暗的存在,而哲学被标举为真切的阳光地带,热爱智慧(哲学)代表着不断上行的努力,而从事政治则被视为出于无奈的"退而求其次",那些有幸沐浴苏格拉底式哲学之光的人们即便被迫再次回到"洞穴"(城邦),他们对那些先前的"囚徒"伙伴表面悲悯为怀,心里却暗自庆幸,甚至颇有些自鸣得意。苏格拉底饮鸩自尽,既捍卫自己哲学的尊严,也谨守城邦律法,但在柏拉图及之后的精神传统中,城邦(政治)成为压制哲学(思想言论自由)、迫害哲人的罪魁。

公元前399年,雅典审判苏格拉底,这一曾经的历史事件,通过苏格拉底弟子及其再传弟子们的"哲学"妙笔,戏剧性地逆转为一起意义深远的思想事件,以雅典为原型的"政治"及其所代表的帝国,成为苏格拉底式哲学公开声讨的对象。雅典审判哲人苏格拉底前后持续不到半年,而苏格拉底的学生们审判雅典却演化为一场持续2500年的精神接力,至今似乎依然没有任何止息的迹象。

青年柏拉图曾一度满腔政治激情,梦想在政治舞台上宏图大展,却被苏格拉底哲学言辞的"塞壬式魔力"深深吸引,献身哲学爱欲,包括他的两位兄弟格劳孔和阿德曼托斯,叔父卡尔米德,舅父克里蒂阿,可谓彼此烘托,怡然自得。然而,刚刚步入成年的柏拉图却遭逢个人精神史上最为沉重且意义深远的打击,他深爱着的亦师亦友、智识德性超越群伦的苏格拉底却被雅典人送上法庭,遭遇审判直至饮鸩自尽。无论是对柏拉图本人还是此后的西方思想史,这一精神痛楚带来的影响实在是既深且远。对民主雅典的极度反感,对政治深深的绝望和厌恶,对雅典帝国"僭主式"统治的口诛笔伐,可以说渗透在柏拉图几乎所有著作的字里行间。①《理想国》第八卷关于四种政体的次第脱胎演化,真可谓一部喜剧漫画式的雅典衰落史,柏拉图笔下的苏格拉底将雅典的死敌斯巴达政体立为典范,将雅典民主制贬为另一种形式的僭主制,只不过是别有用心的政客操纵不明真相的群众的手段,后者正是一切恶政的渊薮。对民主雅典,柏拉图笔调冷漠,措辞刻薄,语气极尽讽刺挖苦之能事,《克里蒂亚》《高尔吉亚篇》《法义》《梅尼克齐努士》《裴多篇》,雅典民主、雅典帝国以及包括米太亚德、地米斯托克利、喀蒙、伯里克利在内曾经在雅典帝国史上举足轻重的政治人物,都被柏拉图用来作为建构其哲学理想国的"反面教材"甚或直接的嘲讽对象。②

然而,耐人寻味之处在于,即便年近古稀,柏拉图似乎初心未泯,如有可能,他还是力图不失时机将自己毕生构想的理想蓝图付诸实践,虽然在自己的祖国雅典看不到任何兑现的希望,雅典帝国远征军曾经的葬身之地叙拉古却成为柏拉图理想的"试验田"。然而,造化弄人,柏拉图的种

---

① 仅举两例:《理想国》,351b;《泰阿泰德》,173c—174c。
② 柏拉图:《高尔吉亚》,515d—519b,见《柏拉图全集》(增订版,上卷),王晓朝译,人民出版社2018年;《柏拉图〈法义〉研究、翻译和笺注》(卷二),林志猛译,华东师范大学出版社2019年,第八卷;《梅尼克齐努士》,见《柏拉图对话集》,戴子钦译,上海译文出版社2013年;《普罗塔戈拉》,刘小枫译,生活·读书·新知三联书店2015年,329a,342a—343b。

种努力却四处碰壁,甚至几度命悬一线。政治上受挫,自然心有郁结,只能通过私人书信以浇心中块垒。后人读之,莫不忍俊不禁,甚而至于被别有用心之人引为笑谈。①

满腔热情通过哲学真理改造政治,改造不成愤而离去,转而以哲学的标准批判、藐视乃至贬低政治,甚至将哲学转化为一种意识形态,公开与政治为敌,这一精神结构绝非现代启蒙运动才发其端,可以说早在柏拉图时代便种下根苗。以哲学改造甚至取代政治,以哲学或道德的标准评判政治,以哲学家的"高姿态"俯瞰政治,甚而至于诱导年轻人疏远政治,②理智贬抑实践,哲学压倒政治,沉思的生活自高于政治的生活,文人(道德)思维取代政治思维,苏格拉底优越于智术师,柏拉图遮蔽修昔底德。自此,在西方智识传统中,柏拉图及其主义独步天下,睥睨群伦。对此,尼采百年前即有洞见,他写道:"我始终不去附和学者中具有传统的、对杂耍演员柏拉图的惊叹。……就我看来,柏拉图把风格的所有形式弄得一团糟,由此他是风格的第一个颓废者……。让我从一切柏拉图主义那里获得恢复、嗜好和疗养的,在任何时候是修昔底德。修昔底德,也许还有马基雅维利的《君主论》,由于他们的绝对意志,即毫不自欺,在现实中而非'理

---

① 《柏拉图书简》,彭磊译注,华夏出版社2018年。
② 色诺芬:《苏格拉底回忆录》,吴永泉译,商务印书馆2001年,第三卷第一章,第110—112页。

性'中,更非在'道德'中看待理性,它们与我自身最为相近……为了进入生活而受到文理中学的训练,而作为报酬,这个'受到经典教育的'青年人赢得的是希腊人那可怜的对于理性的粉饰。可没人能比修昔底德更彻底地治疗这种粉饰。……希腊哲学是希腊人本能的颓废;修昔底德是古代希腊人本能中那强大、严格和硬朗的事实性的伟大总结和最后呈现。面对现实的勇气最后区分了修昔底德和柏拉图这样的天性:柏拉图是现实面前的懦夫,所以他遁入理想;修昔底德能掌握自己,所以他能掌握事物。"①

职是之故,对西方精神大传统中分别以柏拉图和修昔底德为代表的两种小传统之间张力及此消彼长的脉络的缕述和阐发,不仅关涉我们对西方大传统本身的再认识,更关涉身处"大政治时代"的中国智识人自身的精神视野和政治识见。

一 阿里斯托芬的"第三只眼睛"

如果说索福克勒斯《俄狄浦斯王》将古希腊悲剧推至巅峰,那么,阿里斯托芬的《云》无疑称得上古希腊喜剧的翘

---

① 尼采:《偶像的黄昏》,卫茂平译,华东师范大学出版社2007年,页182—185。有关尼采这一论断,John Zumbrunnen 结合修昔底德文本做了细致分析和发挥,参氏著:"Courage in the Face of Reality": Nietzsche's Admiration for Thucydides. *Polity*, vol. 35. No. 2. Winter, 2002, PP. 237—263。

楚。无论形式结构还是思想内涵，《俄狄浦斯王》将英雄与命运之间的紧张发挥至极致，而《云》剧则将哲人与城邦的对立做了生动淋漓的呈现。从主题来看，《云》剧与柏拉图《会饮篇》可谓异曲同工，《会饮篇》在某种程度上可以说是对《云》剧的戏仿。《云》从城邦社会观察哲人社会（"思想所"），而《会饮篇》则反其道而行之，从哲人社会的立场反观政治社会（"亚西比德"）。有关《会饮篇》所揭示的哲学与政治之间的紧张及其意义，我们会在下节集中申论。

据考证，《云》剧在雅典公演是在公元前423年，其时雅典与斯巴达战争正酣，该剧的大致情节线索如下：阿提卡乡下农人斯瑞西阿得斯（剧中父亲）娶了雅典名门之女，膝下一子斐狄庇得斯（剧中儿子）酷爱赛马，注重生活排场，致使家业几乎荡尽，债台高筑。父亲情急之下，风闻哲人苏格拉底的"思想所"收费教人论辩术，既能歪理正说，也能正理歪说，一切视对掌握这门技艺之人是否有利而定。父亲心中盘算，要是掌握这样一门技艺，能在法庭上赖债也不失绝好的利得。父亲本想自己去学，可惜天资有亏，记性差、反应迟钝，因而中途遭"思想所"劝退。无奈之下，父亲只好将儿子送到苏格拉底门下，希冀尽快掌握他渴望掌握的诡辩术。儿子最终学有所成，成长为应付债务官司的行家里手，可谓学以致用，这位父亲也因此得偿所愿。

然而，令这位心存侥幸的父亲始料未及的是，自己却遭到儿子的追打,而且儿子用其掌握的"新语言技巧"证明儿子可以打老子,甚至扬言会进一步证明儿子还可以打母亲。如果说父亲斯瑞西阿得斯还真被"儿子可以打老子"那套说辞部分说服,那么"儿子可以打母亲"却是这位父亲的人伦底线,是绝对无法接受的。一怒之下,这位父亲一把火烧了"思想所",以示报复,因为在他看来,正是苏格拉底的"思想所"败坏了自己的儿子,致使其不再敬畏神明,藐视人伦。耐人寻味的是,喜剧《云》最终以悲剧收场。

《云》剧上演时间比苏格拉底受审并判处死刑早23年,遂有研究者借助柏拉图《申辩》中的提示,①认定该剧的创作主旨恰恰在于批评甚至攻击苏格拉底及其哲学,不过另有研究者考虑到与苏格拉底一直过从甚密的阿里斯托芬不可能堂而皇之将矛头直指自己的好友,便认为该剧旨在"善意地警告"苏格拉底。② 但问题来了,既然是警告,而且出于善意,为何不在私下提醒,却要在大庭广众的戏剧节上警告? 而且借助的是滑稽嘲弄的喜剧手法,阿里斯托芬此举难道不是明摆着要置朋友于不义之地嘛! 况且,难道才智过人的苏格拉底还需要这样的提醒或警告吗? 不过,《云》剧在23年后苏格拉底遭遇控告并审判这起案件中究

---

① 柏拉图:《苏格拉底的申辩》,程志敏译,华夏出版社2021年,18e。
② 奥里根:《雅典谐剧与逻各斯:〈云〉中的修辞、谐剧性与语言暴力》,黄薇薇译,华夏出版社2010年,"中译者前言"。

竟发挥了怎样的影响,这倒是个历史问题,却与本文的核心关切并无多大关联。

据阿里斯托芬自己说,《云》是他"最智慧的剧本",如何"智慧"?自然要从剧本本身出发。细心的读者不难发现,阿里斯托芬无疑为我们提供了某种超越性的视角,借以洞察公元前五世纪"理性主义时代"雅典社会伦理和精神的全面危机,以剧中的"父亲"为主轴,这一危机具体表现为,"现代"式物欲功利主义诱惑与传统人伦秩序本能之间的折冲樽俎。父亲斯瑞西阿得斯的纵火行为看似极端,其内在动机却甚为保守,即他的极端行为毋宁是情急之下无奈之中的迫不得已,旨在预防更为极端的破坏人伦行为,即儿子打母亲。这样看来,剧中父亲斯瑞西阿得斯固然有可恶之处,但也不乏可爱之端。而作为剧情冲突的另一方的苏格拉底的"思想所",除了喜剧必需的诸多滑稽化手法外,平心而论,阿里斯托芬并未如后来柏拉图暗示的心怀恶意将苏格拉底污名化。作为哲人的苏格拉底坐在吊篮里,意味着他不受城邦习俗礼法的约制,即便神祇也需要经过理性科学的检验,苏格拉底"在空中行走,思考太阳",这一意象与柏拉图笔下哲人的精神状态并无出入。① "思想所"里提供两种"逻各斯",即正理和歪理,这对父子最终选择

---

① 互参,柏拉图:《泰阿泰德》,詹文杰译注,商务印书馆2015年,173d—174b。

了有助于自己赖债的歪理,可见,至少这对父子自己要为最终的结局承担一大半责任,因为早在进入"思想所"之前,他们已然"变坏",尽管尚未坏彻底,因此,"思想所"不应当为"儿子打老子"这一"意外后果"承担直接责任,这似乎是在为"思想所"辩护。不过值得注意的是,剧中父亲最终采取极端行动的直接动因,即父子之间围绕"儿子是否可以打老子"的争论,却俨然一场苏格拉底式的对驳,其中儿子的辩论风格与柏拉图笔下苏格拉底的风格有着高度的一致性,可谓形神毕肖,这里不妨摘录其中的数节:

斐(狄庇得斯):……我首先问问你,我小时候你打过我没有?

斯(瑞西阿得斯):打过你,我那是疼你,为你好啊!

斐:告诉我,你既然说为我好而打我,我如今也照样为你好而打你又有什么不对呢?怎么啦?我的身体应该挨打受罚,你的身体就不应该吗?我不是生来也是自由人吗?"你以为儿子应该叫痛,父亲就不应该叫痛吗?"也许你会说,照法律讲来,只有儿子挨打;可是我告诉你,人一老便"返老还童",老年人比起年轻人更应该挨打,因为他经验多了,更不应该做错事情。

斯:可是法律上并没有说当父亲的应该受这样的

苦处呢。

斐：当初制定法律的人不就和你我一样，同是凡人吗？他的话居然能够使古时的人敬信，我为什么不能够为我们的后代儿孙制定一条新的法律，让儿子可以回敬他们的父亲？在这条法律还没有成立以前我们所受的鞭打，我们不记仇，愿意白受了。试看那些小鸡和别的牲畜，它们尚且和父亲打架，鸡和人有什么分别呢？只不过它们不能够制定法律罢了！

……

斯：我既然有权利惩罚你，你也就有权利惩罚你的儿子，只要你养得有。

斐：万一我没有养得有，岂不是白叫你打了？那你笑话我，就要笑死了。

斯：你们这些年老的观众啊，我想他的话说得很对，我得同意儿子有这种公平的权利。如果我们做错了事，倒是应该挨打呢。①

究竟苏格拉底是否应当为"儿子打老子"的结果负责，从上述父子辩论来看，答案又似乎是肯定的，冤有头债有主，"父亲"报复"思想所"，还真不能说是张冠李戴、无理取

---

① 阿里斯托芬：《云》，第1409—1439行，见《阿里斯托芬喜剧六种》，罗念生译，上海人民出版社2004年，第157—222页。

闹！若将《云》剧剧情综而观之,我们便不难发现阿里斯托芬的超越性立场,即他为我们提供了观察哲学与政治、哲人社会与城邦社会的"第三只眼睛"。喜剧诗人深邃且睿智,先知先觉,早已洞察到哲学与政治在本性上彼此龃龉,而引发哲人与城邦之间正面冲突的正是剧中的儿子,后者作为"教育"的载体,正是哲人与城邦发生正面冲突的导火索。阿里斯托芬借此向我们提出的问题是:对年轻人应该施行怎样的教育？哲学拷问的边界在哪里？哲人或者说哲人式言论自由应该具备怎样的限度？哲人如何避免破坏政治社会"正确意见"的权威以及习俗律法的尊严？接受过哲学教育的年轻人应该以怎样的态度对待政治、参与政治？哲学教育与公民教育究竟有着怎样的外在边界和内在关联？

二 "被哲学咬伤"的亚西比德

如果说阿里斯托芬《云》剧是表现哲学与城邦之间张力的戏剧版本,那么亚西比德的生平行迹却为我们提供了哲学与政治之间张力的现实版本。生逢非常之世,亚西比德在正值战略机遇期的雅典帝国政治舞台上崭露头角,迅速成长为权倾一时的政治领导人,无论是政治爱欲还是哲学爱欲,在亚西比德身上均表现得同样强烈,因此,哲学与政治之间的冲突、纠结和彷徨在亚西比德的精神结构中表现得尤为突出。可以说,亚西比德兼具哲人和"政治人"两种品性,两种品性在亚西比德身上非但未转化为如伯里克利那样作为成熟政治家的品性,反而彼此掣肘、相互消解,其灾难性后果不仅表现为亚西比德本人壮志未酬身先死,个人政治生涯在关键时刻遭遇重挫,更在于因此而导致的他本人在关键时刻的政治选择,后者直接使几代雅典人的雅典帝国事业急转直下,进而走向万劫不复。

前文指出,柏拉图《会饮篇》在某种程度上是从哲人视角对阿里斯托芬《云》核心主题的改编。据研究者考证,《会饮篇》的历史场景是在西元前416年,其时正值雅典准备远征西西里。在本土战事陷入僵局的情况下,雅典人力图开辟第二战场,一举扭转于雅典不利的本土战局,而亚西比德此时被任命为远征军统帅之一,这无疑是亚西比德个人政治生涯的新起点,也是雅典帝国事业的转折点。然而,就在出征前夕,雅典城内一夜之间发生赫尔密石像被毁事件,于是坊间谣言四起,亚西比德遭到嫌疑,传言指控亚西比德正是这起渎神恶行的幕后黑手。关于这起事关亚西比德个人和帝国事业大局的事件,修昔底德在《伯罗奔尼撒战争史》中有详细缕述,揭示亚西比德如何被政敌栽赃陷害,对手居心之险恶,手段之卑劣,读之无不令人痛心扼腕。①

---

① 修昔底德:《伯罗奔尼撒战争史》,何元国译,中国社会科学出版社2017年,卷六。

从《会饮篇》的核心旨趣来看，柏拉图似乎并没有兴趣替这位声名烜赫却可能因政敌指控而万劫不复的大师兄辩护，依据《会饮篇》提供的相关细节，柏拉图反倒在客观上进一步为当时坊间谣言提供了对号入座的"内部资料"。柏拉图这样描绘亚西比德出场的情景：苏格拉底借"第俄提玛"之口刚刚结束关于"爱若斯"的长篇讲辞，阿里斯托芬正准备说点什么，"突然，有人拍打前院大门，带着一片嘈杂，好像是些纵酒狂欢者，还能听见吹箫女的（吹箫）声音"。不一会儿，喝得烂醉的亚西比德大声嚷嚷着从前院闯入，落座后，酒过三巡，亚西比德一改先前哲人群内歌颂"爱若斯"的既定惯例，转而用"真话"赞美苏格拉底。这篇赞辞无疑是亚西比德在自己政治人生即将登顶的那一刻的内心独白，在其中，亚西比德缕述自己与苏格拉底交往即追求哲学爱欲的心路历程，以及哲学爱欲与政治爱欲在他内心制造的高度精神紧张甚至人格分裂："我一听到他（苏格拉底）的讲话就心跳不已，眼泪夺眶而出，胜过为哥汝拔（小亚细亚的酒神祭司）舞所激动。我们也看到许多别的人也是这样。我听贝里格勒（伯里克利）等等大演说家讲话时虽然觉得精彩，却从来没有听他讲话时的那种经验，没有神魂颠倒，不能把握自己，有如处在奴隶状态之中。听了这位玛尔叙阿（林中仙子），我觉得心情激动，认为现在这样活着还不如不活。……他逼我承认自己还有许多缺点，由于关心雅典的事务,却放松了自己的修养。因此我强迫自己躲开他,就像掩耳不闻塞壬的歌声一样,以免一直在他身旁坐到老。我在别人面前从来没有感到自己有愧,羞愧是我身上找不到的,只有在这个人面前除外。因为我完全明白,当着他的面我不能违反他,必须照着他教导的做,可是一离开他,听到人家花言巧语我就打熬不住,被名缰利索拖跑了。因此我躲开他跑得远远的,一见到他就想起自己的诺言羞愧得无地自容,甚至常常希望他不复存在于人间,可是如果他真的死了,肯定我会无比痛苦,所以我不知道应该拿这个人怎么办。"①

亚西比德坦承,自己的灵魂被苏格拉底爱智言论重重地"咬伤",痛彻心扉且无法自拔,"这种言论一抓住年轻的、天真无邪的灵魂,就比蝮蛇更猛烈地吸住了他,使他无论做什么、说什么都随它摆布"。② 因为苏格拉底,亚西比德初尝爱智的疯癫以及因之而来的"酒神信徒式的沉醉"。然而,亚西比德分明真切地听到"政治"的召唤,雅典正值危急存亡之秋,扶大厦于将倾,力挽狂澜,扭转颓势,进而将帝国事业推上新的高度,这为以政治为志业的亚西比德提供了施展才华、扬名立万的千载难逢的机遇。有着强烈政

---

① 柏拉图:《会饮篇》,王太庆译,商务印书馆 2013 年,215e—216c。
② 《会饮篇》,前揭,218a。

治爱欲的亚西比德没有小师弟柏拉图那样的"学术定力"和"勇气",柏拉图听取苏格拉底规劝,早早疏离城邦,鄙弃政治,退守灵魂,毕生与"苏格拉底"如影随形,生前聆听苏格拉底哲学言辞,备受其精神"洗礼",而在其师死后,柏拉图不遗余力,尽情挥洒文辞才具,追忆苏格拉底的哲学爱欲,赞美哲人世界的自由和高贵,揭露政治世界的粗鄙、阴暗和不堪。

三 苏格拉底的哲学课:柏拉图与亚西比德

柏拉图毫无疑问是苏格拉底真正意义上的学生,两人在精神上一脉相承、严丝合缝。柏拉图生花妙笔,浑然天成,苏格拉底生前未著一字,学生柏拉图却使他跃然纸上,栩栩如生,行迹思想活灵活现,后人读之,不由惊叹这对师徒竟配合得如此天衣无缝,浑然一体。柏拉图既为哲人苏格拉底辩护,也为自己毕其一生的学术志业辩护。青年亚西比德也一度为哲学爱欲深深吸引,曾追随苏格拉底,但他爱哲学,更热衷政治,渴望树立不世功业,完成义父伯里克利的政治遗愿,兑现波斯战后几代雅典先贤的帝国雄心,于希腊世界最终确立"雅典人治下的和平"。亚西比德机关算尽,不屈不挠,游走列国,力图东山再起,回国效命,力挽狂澜。可惜造化弄人,加之处处树敌,这位曾经的雅典骄子最终殒命他乡,壮志未酬,落得身败名裂,背千古骂名。

苏格拉底有柏拉图这样的爱徒,而亚西比德幸得前辈修昔底德的青睐,修昔底德以其如椽之笔,正视听,纠偏见,为"政治人"亚西比德辩护,树立"政治世界"的伟大和尊严。在柏拉图整个著述背后,读者总能发现某种潜在的"敌对势力",这就是修昔底德及其代表的智术传统,后者不遗余力强调政治世界的迫切性,政治事务的主导地位,统治与被统治、权威与服从、帝国与秩序需要时刻悉心关照。① 柏拉图的毕生职志在于,树立苏格拉底式哲学相对于城邦事务的至高权威,他终偿所愿,而从柏拉图哲学智识在后世精神传统中的主导地位、柏拉图相对于修昔底德和智术师传统的压倒性影响来看,其凌云剑笔之魔力完全配得上其师辩证法之魅力。

尼采曾评价指出,苏格拉底摧毁了柏拉图政治上的高贵本能,使他毕生致力于谈论精神和善,回避现实,不愿直面生命世界的残酷真相。"柏拉图,这个古代所生的最好

---

① 柏拉图作品中涉及智术师的对话主要包括:《智者》(詹文杰译,商务印书馆2012年)、《普罗塔戈拉》(刘小枫译,生活·读书·新知三联书店2015年)、《高尔吉亚篇》(王晓朝译,人民出版社2015年)、《大西庇阿篇》(王晓朝译)、《小西庇阿篇》(王晓朝译);关于智术师的综合研究,可参:柯费尔德:《智者运动》,刘开会等译,兰州大学出版社1996年;Kathleen Freeman, *The Pre-Socratic Philosophers*. The Aldern Press, 1946; PP. 341—423; Jacqueline De Romilly, *The Great Sophists in Periclean Athens*. Oxford University Press, 1992。智术师关于"哲学"和"政治"关系的主张,可参看:柏拉图《高尔吉亚篇》中智术师卡利克勒与苏格拉底的对话部分,482d—485e;491b—494a。

的材质,是怎样患上这种病的?他确是被邪恶的苏格拉底败坏的吗?莫非苏格拉底确是败坏青年的人?莫非他该吞那杯毒酒?"①在时人眼里,正是苏格拉底的教育败坏了亚西比德,后者个人作风随性自为,在政治场上公开贬低同侪,鄙视民众,自视甚高,口无遮拦,缺乏节制,这与其师在哲学上的不节制倒是符节合拍。

与柏拉图对哲人苏格拉底的辩护不同,苏格拉底的另一位学生色诺芬则为我们呈现了一个踏实沉稳的公民苏格拉底形貌,借以撇清雅典法庭关于苏格拉底败坏青年的指控。但色诺芬却有意无意间暴露了苏格拉底对亚西比德的深刻影响,在《回忆苏格拉底》中,色诺芬记述了不满20岁的亚西比德(阿尔克比阿底斯)与大政治家伯里克利之间一则围绕法律问题的对话,在这则对话中,亚西比德俨然苏格拉底式的辩论口吻,而且自信满满,其自命不凡跃然纸上,读之回味无穷,不禁让人浮想联翩。这则对话与前文所引阿里斯托芬《云》剧末尾父子之间围绕"儿子是否有权打老子"的辩论形成颇为有趣的呼应,兹引述如下:

亚(西比德):请问,白里克里斯(即伯里克利,以下均径改为伯里克利),你能指教我什么叫做律法吗?

---

① 尼采:《善恶的彼岸·论道德的谱系》,张千帆译,孙周兴校,商务印书馆2015年,第7页。

伯(里克利):当然。

亚:那么,奉众神之名,请你指教我吧!我听有人因遵循律法而受到赞扬,但我以为若是一个人不知道什么是律法,他就不可能公正地受到这样的赞扬。

伯:你要知道律法是什么,并不是一件艰难的事。凡是人民集会通过而制定的章程就是律法,它们指导我们什么是应该做的和什么是不应该做的。

亚:它们指导我们应当做好事呢,还是应当做坏事呢?

伯:我对宙斯起誓,当然是好事,我的孩子,决不是坏事。

亚:如果聚集在一起制定我们应该做什么的并不是全体人民,而是少数人,例如一个寡头政治,这样的条例是什么呢?

伯:国家的最高权力为决定人民应当做的事而制定的一切条例都是律法。

亚:如果一个掌握国家政权的僭主,规定了人民所应该做的事,这样的规定是不是律法呢?

伯:无论一个掌权的僭主所规定的是什么,他所规定的也叫做律法。

亚:那么,伯里克利,什么是暴力和不法呢?当强者不是用说服的方法而是用强迫的方法威胁弱者去做他所喜欢的事的时候,这岂不就是暴力和不法吗?

伯:我看是这样。

亚:那么,一个僭主未经得人民的同意就制定条例强迫人民去做,这是不是就是不法的行为呢?

伯:是的,我看是这样,现在我把我所说的僭主未经过说服给人民制定的条例就是法律那句话收回。

亚:但是,少数人未经取得多数人的同意,而凭借他们的优越权力所制定的条例,这是暴力呢,还是不是暴力?

伯:照我看来,一个人未经另一个人的同意而强制他去做的任何事情,不管他是否用明文制定出来,都是暴力而不是律法。

亚:那么,当全体人民比富有阶级强大的时候,他们未经富有阶级的同意而制定的条例,也都是暴力而不是律法?

伯:的确是这样,阿尔克比阿底斯(亚西比德),当我像你这样大年纪的时候,对于这一类的讨论也很擅长,因为我们像你现在一样,也研究并讨论这一类问题。

亚:伯里克利,要是我能够在你擅长这些问题的时候和你讨论该是多么好啊!①

---

① 色诺芬:《回忆苏格拉底》,前揭,第15—17页。

不难想见,诸如此类的辩论对于法律,这一城邦秩序赖以维持的"正确的意见",无疑具有消解甚至摧毁作用。伯里克利步入政坛之后,他拎得清哲人社会与政治社会之间的分际,知道在哪里应当做到适可而止。而亚西比德却相反,他至死未能意识到哲学爱欲与政治爱欲之间本质上的差别。亚西比德在公开场合心直口快,信口开河,语不惊人死不休,公民大会上公开藐视甚至贬低民众,将个人时刻凌驾于城邦之上,恃才放旷,言谈举止经常剑走偏锋,不留余地,这难免使民众对其心生僭主嫌疑。政敌对亚西比德可谓恨之入骨,皆欲趁机除之而后快,民众对他既爱且忧,爱的是他性格活泼,表情丰富,与高冷刻板却胆小懦弱的老政客尼西阿斯、粗俗不堪的克里昂适成对照,忧的是他野心勃勃、爱慕虚荣且妄图一手遮天,这在当时民主政治被奉为唯一"政治正确"的雅典,必然授人以柄。修昔底德缕述远征前夕亚西比德如何被政敌栽赃陷害,如何叛逃敌国,游走列国,不惜以出卖雅典帝国核心利益为代价以图再次回国施展个人抱负,悲愤之情可谓溢于言表。然而,对今天的读者来说,亚西比德个人修为,以及他在雅典政坛之前的种种作为,实乃其来有自,作茧自缚。冤有头、债有主,即便亚西比德有天纵之才,怀揣万般雄心,种瓜得瓜,自毁长城,咎由自取,而雅典帝国最终沦为亚西比德政治上自戕的"陪葬"。

公元前404年,即雅典和斯巴达之间长达27年的拉锯战行将以雅典的彻底失败而告结束的那一年,亚西比德被雅典"三十僭主"政权和斯巴达合谋杀害。而随着战争的结束,曾经风光无限、跃跃欲试力图一统希腊世界的雅典帝国也元气大伤,国势自此一蹶不振,蒸蒸日上的新帝国情景剧提前落幕。战争结束之后的第五年,即公元前399年,苏格拉底被控"败坏青年、另立新神"两项罪名,并被判处死刑。苏格拉底是否要为亚西比德出卖并危害帝国事业的行为负责,包括柏拉图、色诺芬在内的苏格拉底的学生们当然要极力撇清其师与亚西比德"劣迹"之间的连带责任。但细心的读者会发现,苏格拉底与亚西比德实在脱不了干系。综观亚西比德政治生涯的浮沉起落,可以说他实际上是以苏格拉底哲学的进路从事政治,这位被雅典人一手养大且满腹经纶的"狮子",①本可以将雅典帝国事业推上几代雅典人渴慕已久的巅峰,却反过来借助敌国之力,一手将雅典帝国推向万劫不复的深渊,亚西比德此举与其说是苏格拉底教育的失败,倒不如说是哲学对政治的"毒害"甚至败坏。尽管历史不容假定,但如下反历史性判断依然能够发人深省:设若亚西比德未曾接触苏格拉底哲学,他在政治上成功的可能性应该会更大。在这一点上,哲学家阿兰·布

---

① 阿里斯托芬:《蛙》,第1432行,见《阿里斯托芬喜剧六种》,上海人民出版社2004年,第460页。

鲁姆提出的如下设问颇为耐人寻味:究竟谁被苏格拉底毒害更深,是从政治中抽身而退的柏拉图,还是其政治行为或许从苏格拉底所学而来的亚西比德?① 如果说柏拉图哲学在某种程度上消解了雅典帝国的精神根基,那么亚西比德则凭借自己过人的政治才华辅之以敌国之力,一举摧毁了雅典帝国的物质基础。

四 "以哲学为业"与"以政治为业"

苏格拉底是哲人,哲人的生命依据并不寄托于现世,更不在城邦。哲人关注真理的自足,灵魂的净化,身体倒成为"沉重包袱",俗世万物犹如过眼烟云,只有灵魂才是不朽的丰碑。在哲人眼里,众生熙来攘往、醉生梦死、利欲熏心、乏善可陈。雅典表面富丽堂皇、五彩斑斓,实则苟且萎靡、色厉内荏,民主政客摇唇鼓舌,群氓聒噪起哄,真可谓"铜铁当道,国破家亡"。这样的城邦,这样的民众,这样的帝国,其兴衰浮沉,实在不值得哲人苏格拉底有丝毫挂念,更不值得苏格拉底式的哲人对之牵肠挂肚。然而修昔底德不同,他出身政治世家,曾任海军将领,尽管横遭流放,历经颠沛流离,却始终初心不改、心心念念。战争的成

---

① 阿兰·布卢姆:《爱的阶梯:柏拉图的〈会饮〉》,秦露译,华夏出版社 2017 年,第 155 页。

败,帝国的盛衰,作为"政治人"的修昔底德念兹在兹,眼见帝国事业在西西里兵败如山倒,他肝肠寸断、伤心欲绝。地米斯托克利、伯里克利等被柏拉图作为辛辣嘲讽的对象,而在修昔底德眼里,他们正是帝国伟业的缔造者,是"政治人"的典范,他们深爱着雅典,尽管她并不完美,他们为雅典人的帝国事业忍辱负重、呕心沥血、兢兢业业,即便遭遇政敌阴谋暗算,民众无端嫉恨抱怨,也矢志不渝、委曲求全、顾全大局。

普鲁塔克曾这样问道:"雅典人的名声是赢自战争还是源于智慧?"这正是普鲁塔克透过其巨著《对比列传》所要回答的核心问题。可以想见,若没有伟大政治家军事家创造的丰功伟绩,著述家纵有凌云健笔、不世才思,也只能嗟叹八斗才华竟无用武之地。没有克洛伊索斯、居鲁士、冈比西斯、大流士、薛西斯、列奥尼达、米太亚德、阿里斯提德、地米斯托克利们的伟绩,希罗多德将不会有动力将他们的英雄传奇形诸笔端,供后来人反复追念凭吊。没有雅典与斯巴达之间那场波澜壮阔的战争,没有伯里克利、伯拉西达、尼西阿斯、克里昂、德摩斯提尼、亚西比德们那一桩桩牵动帝国命运的行动,今天的我们也就无缘修昔底德《伯罗奔尼撒战争史》这部与天地久长的旷世杰作。立言者因立功者而使其文字获得了持久的魅力,"人们由于那些成功的英雄而铭记这些作家,阅读他们的作品,于是这些作家才

"将雅典帝国的必要性形成理论的第一人",① 大政治家伯里克利号召他的人民勇敢抗敌、忠于国家、顾全大局,不仅关心私人事务,更要关心并参与国家公共事务,提请他们注意私人利益与国家利益之间的有机联系,以及国家相对于个人的优先地位。在伯里克利看来,雅典人绝不可图一时苟安,以至于辜负先辈们为帝国事业付出的巨大的流血牺牲。尽管帝国统治会招致嫉妒怨恨,雅典人也应受之愉快,因为历史赋予雅典人更高的政治使命。即便过去取得这个帝国可能是错误的,但是现在放弃这个帝国一定是危险的,要缔造伟大的帝国,维持帝国的庄严,需要不畏牺牲的勇敢的人民,需要为帝国事业呕心沥血、勇于担当的"政治人",他们深知人世的起落祸福,命运的反复无常,却依然勇往直前、砥砺前行。②

对于一个亟待养成政治头脑并在政治上迅速成熟起来的民族来说,"政治人"的这种不畏险途、赴汤蹈火的英雄气概,难道不值得我们由衷的宝爱和崇敬?

---

① 樊尚·阿祖莱:《伯里克利:伟人考验下的雅典民主》,方颂华译,上海三联书店 2015 年,第 79 页。
② 修昔底德:《伯罗奔尼撒战争史》,前揭,II—35.1—46.1。

为"政治人"申辩

——修昔底德与亚西比德

亚西比德在修昔底德文本中的地位,恰如薛西斯在希罗多德文本中的地位,薛西斯和亚西比德,分别被作为《历史》和《伯罗奔尼撒战争史》最后三卷的关键人物。透过薛西斯力征经营最终折戟沉沙,希罗多德呈现了人力与神力的彼此缠斗,理性之力的阳刚与命运之歌的悲凉相互彰显。在修昔底德笔下,亚西比德辛苦遭逢、机关算尽,却落得身败名裂、身死国灭,"政治人"所遭遇的逆境得到了生动细致的刻画,而亚西比德则将"政治人"终日乾乾,为克服逆境付出的劬劳演绎得淋漓尽致。

如果说柏拉图以 35 篇对话的鸿篇巨制为苏格拉底申辩,为哲人的生活方式辩护,那么,修昔底德则以《伯罗奔尼撒战争史》这部旷世杰作为亚西比德申辩,为"政治人"赴汤蹈火的英雄气概辩护。苏格拉底与亚西比德、哲人与政治人、沉思的生活与行动的生活,西方政治(思想)史上这对著名师徒,他们以各自的切身经历,将两种生活方式演绎至登峰造极,他们充满悲剧色彩的人生遭际,令人扼腕唏嘘,他们留给后世的精神遗产也令人回味无穷。对观亚西比德与苏格拉底,可为我们思考权力与正义,政治与学术之间的内在张力,提供更有历史纵深感和现实感的理论"借镜"。

在《伯罗奔尼撒战争史》中,亚西比德是修昔底德最为着力刻画的政治家。亚西比德是雅典帝国由盛走衰的关键人物,无论在理智还是情感上,亚西比德在修昔底德的文本世界均可谓举足轻重。作为苏格拉底的著名弟子,亚西比德不仅是帝国政坛的风云人物、政治人的化身,更是哲人苏格拉底理论视野中的关键角色。可以说,亚西比德构成理解修昔底德与柏拉图之间精神分野的枢纽,是认识西方大传统中政治与哲学、权力与正义之间的结构性张力的重要载体。

一 "领袖民主制"及其遗产

修昔底德指出,在伯里克利时代,"雅典名义上是民主政体,实际上权力掌握在第一公民手里"。① 从公元前443

---

① 修昔底德:《伯罗奔尼撒战争史》,II—65.9。

年雅典贵族党遭到解散至公元前429年,伯里克利计有十五年当选将军,集雅典军政大权于一身,令行禁止,行当所行。伯里克利一手发动群众,另一手约束群众。公民大会津贴、公职津贴、陪审津贴,普通民众的政治热情被动员到极致,与此同时,伯里克利作为"人民领袖"的领导力也被发挥至极致。作为政治家,伯里克利凭借其卓越的德行和过人的才干,将群众的政治激情导向雅典国家及其帝国事业。民众通过投票和广场欢呼获得做主人的抽象权威的同时,赋予领袖以现实权威,而领袖则凭借其文治武功和超凡魅力赢得民众的承认与接纳。领袖与民众相互适应、彼此磨合,双方最终啮合为一种正向的权威反馈机制,这是一种典型的具有伯里克利个性色彩的"领袖民主制"。在伯里克利治下,雅典人的政治能力和国家意识得到空前的强化,得益于"第一公民"的英明领导,雅典国势昌隆,帝国事业朝气蓬勃。

然而,这种领袖民主制与其说是一种常态化的制度机制,还不如说是由伯里克利一手缔造且与伯里克利这样非常态领袖密不可分的政治建制,内嵌于这一政治建制的困局在于,该建制自身的优势得到充分发挥的同时,其根深蒂固的脆弱性也遭到遮蔽,这种脆弱性集中体现为伯里克利(领袖)与雅典民众(公民大会)之间游移式平衡。在外有斯巴达大兵压境、内有瘟疫肆虐的非常状态下,广场群众情绪和民主舆论很容易跟随军情和疫情的改变摇摆不定,而领袖的任何犹豫或动摇,都可能导致局面失控,甚至出现颠覆性的战略错误。战争前夕和初期,面对狂躁亢奋的民主舆论,伯里克利如履薄冰、苦于弥缝,他屡遭政敌攻击,受到民众怀疑甚至怨恨,一度被革去公职,缴纳罚款,正是该体制内在脆弱性的明证。

公元前429年,伯里克利因身染疠疫离世,此后雅典民主政坛方寸大乱,先前得到领袖威权有效遏制的党争也迅速浮出水面。权势人物操弄群众情绪,勾心斗角,相互掣肘,彼此争竞,国家大政丧失了基本的战略定力和战术执行力,致使帝国事业进退失据,最终一败涂地。

可以想见,即便伯里克利侥幸躲过疫情,他也会早晚被自己一手缔造的领袖民主制压垮,这其中发人深思的吊诡在于,伯里克利时代雅典的成功,似乎注定了后伯里克利时代雅典的失败。

二 雅典党争旋涡中的亚西比德

在古代城邦,党争通常表现为贵族(寡头)派与平民派之间的对立,与出身地位、财富占有等方面的阶级分野对应,两派在意识形态上也会发生明显分歧。因党争而起的政治激情若在体制内找不到足够的疏解通道,极端状况下会演化为内战或者导致政权更迭的革命,甚至成为引发大国介入,进而演化为代理人战争的直接导火索,伯罗奔尼撒战争前夕伊庇丹努发生内讧进而引发城邦政权更迭,战争初期发生在科西拉的血腥内战,正是其中的典型案例。

因党争继而引发内讧终致党祸,这是雅典政治中久治难愈的"沉疴"。从公元前636年的库隆动乱,到山地党、平原党以及海岸党之间的不共戴天,以及穷人与富人围绕债权抵押、土地分配等纷争不断,皆为例证。公元前594年梭伦厉行新法,梭伦透过其立法诗宣誓说:"我手执一个有力的盾牌,站在两个阶级的前面,不许他们任何一方不公平地占有优势。"①梭伦试图通过一系列立法举措,弥合贵族与平民、富人与穷人之间的撕裂,调和阶级对立。

然而,梭伦法律非但未能使党争稍有消弭,双方的对立反而变本加厉。寡头派因变法丧失特权而愤怒不已,平民则因未能通过变法满足当初预期而义愤填膺。无奈之下,梭伦选择离开雅典,云游四方,政权最终落入山地党领袖庇西斯特拉图之手。庇西斯特拉图凭僭主威权,行开明专制,救国护法,亲力亲为,以抹平社会等级、压抑贵族权势为代价,换取雅典政局的基本稳定。然而,这一稳定发展的大好局面在二代僭主希庇亚执政不久便戛然而止。公元前514

---

① 普鲁塔克:《希腊罗马名人传梭伦传》,陆永庭等译,商务印书馆1999年,第185页。

年,一场匪夷所思的弑僭阴谋,正是长期受到压抑的贵族寡头集团趁势反扑的结果,也是僭主家族为其打压权势贵族而付出的代价。阴谋中途败露,僭主内弟被杀,僭主希庇亚展开大搜捕,对嫌疑人格杀勿论,先前的开明僭政一转而成令雅典人刻骨铭心的虐政。当此之时,遭到僭主家族流放的克里斯提尼家族在斯巴达的支援下,返回雅典,驱逐僭主家族,推行民主新政。

新的民主制与被推翻的僭主制看似不共戴天,但在治术上表现为将社会抹平的努力,双方在手段上的差异仅仅表现为:僭主制通过直接打压世家大族来抹平,而民主制则通过扶植平民势力,间接遏制贵族势力的膨胀。伯里克利接续克里斯提尼业已成型的民主方略,推行开放式绩优制,国家选贤与能,不问出身,只任才具。绩优制在政治上对雅典世家大族可以说是灾难性的,贵族集团被不断挤向雅典政治生活的边缘。从最初的被动边缘化到最终的自动边缘化,尼西阿斯正是其中最为典型的代表。

边缘归边缘,但贵族一派的势力始终在那里,他们存在的方式经常表现为形形色色的私人团体或密谋集团。伯里克利去世后,长期遭到压抑的贵族势力开始浮出水面,与此同时,伯里克利推行激进民主所带来的"负资产"也开始纷纷暴露,雅典自此陷入党争旋涡而难以自拔,权势人物彼此争竞,变本加厉,政客操弄舆情的同时,却被舆情裹挟。民主政坛波谲云诡，人人自危。

进入后伯里克利时代，雅典民主政坛第一波党争首先在尼西阿斯与克里昂之间展开。派娄斯战役（公元前425/424年），尼西阿斯久攻不下，平民派领袖克里昂趁机制造舆论，谴责尼西阿斯无能，若是他自己指挥就不会如此情形。谁知尼西阿斯借力打力，公开表示自己愿意"让贤"，面对民众的欢呼，克里昂一时间骑虎难下，只有强装受任愉快。尼西阿斯明里让贤，暗里却盘算着趁机借刀杀人，翦除政治对手。谁知克里昂洪福齐天，接手不久便赢得大捷，一时间克里昂在雅典政坛的人望如日中天。

尼西阿斯一派当然不能善罢甘休，便不失时机制造舆论，说克里昂中途接手派娄斯战事，掠人之功，实在算不上真能耐。对此，克里昂自然心有不甘，伺机扳回一城，证明自己。安菲波里战役（公元前422/421年），克里昂主动请缨，一为回击政敌攻击，二为捞取政治资本，谁料这次天不遂人愿，克里昂战死沙场。克里昂战死，尼西阿斯终于可以长舒一口气，便不失时机亲自主导雅典与斯巴达媾和，以他本人名字命名的《尼西阿斯和约》（公元前421年）很快签字画押，战争第一阶段遂告结束。可以说，这一波党争，贵族派权势人物尼西阿斯暂时幸运地笑到了最后。

签订和约，尼西阿斯被舆论迅速标举为"和平使者"，在雅典乃至整个希腊，尼西阿斯人望一时间被捧上了天，这令政治新星亚西比德如鲠在喉、如芒在背。趁雅典与斯巴达围绕兑现和约承诺过程中嫌隙丛生之机,亚西比德误导斯巴达使者,借以离间斯巴达与尼西阿斯之间的关系,破坏雅典人对尼西阿斯的信心。与此同时,亚西比德主导建立新的"四国同盟",包括雅典、亚哥斯、门丁尼亚和埃利斯,该同盟对斯巴达北境构成军事上半包围态势。"四国同盟"的组建,一度使伯罗奔尼撒同盟面临被瓦解之势,怎奈亚哥斯朝中无人、优柔寡断,加之雅典内部党争掣肘,"四国同盟"在斯巴达强大的军事压制下迅速瓦解,致使亚西比德这一针对斯巴达的极具想象力的围堵策略遭到搁浅。

亚西比德与尼西阿斯更为直接的"过招"是两人围绕雅典是否须远征西西里而展开的激烈争论。在帝国事业至为关键的战略机遇期,亚西比德与尼西阿斯之间的斗争不仅是个人政见上的分歧,更是雅典党争极化最为直接的表征,而这波党争迅速放大为不共戴天的路线之争。

眼见公民大会表决支持远征西西里,尼西阿斯首先就远征战略本身质疑指出,对于雅典来说,在本土战争局势未稳的情势下,冒然出征,实属得不偿失之举。雅典面对的最大敌人是斯巴达,而不是远在西西里的叙拉古。在雅典尚未从第一阶段的战争和瘟疫中完全恢复元气之前,卷入西西里内部争执,实在有失明智。尼西阿斯接着便将矛头转向提出并促成远征动议的亚西比德,对其战略主张背后的动机做诛心式揭批,认定亚西比德为自利动机驱使,通过谋取统帅职位,趁机为自己大捞一把,以贴补个人糜费生活的巨额开支。尼西阿斯最后还不忘公开羞辱并挖苦亚西比德,"出征西西里可是一件大事,而不是一个乳臭未干的年轻人所能谋划和轻率处置得了的"。①

尼西阿斯如此这般一番人身攻击,亚西比德并未以牙还牙,而是机智地将尼西阿斯那些针对他个人生活方式的指责导向城邦公益,诸如自己热衷赛马,在奥林匹克运动会上赢得殊荣,这既是家族和个人的荣耀,国家也从中受益良多。资助歌舞队,捐助各种节庆表演,出钱者脸上有光,城邦也因此获益匪浅。杰出者自视甚高,以壮举造福生民、服务国家,即便遭人嫉妒、受人诋毁,何妨安之若素、处之泰然。不宁唯是,正是我亚西比德这个被视为"少不更事者"利用外交手段组建"四国同盟",迫使斯巴达在门丁尼亚一役中倾巢出动。亚西比德还进一步强调指出,当此危急存亡之秋,无论是年轻人还是年长者,应该团结一心、优势互补、效命国家,而不是彼此嫉怨、相互拆台。接着,亚西比德在分析西西里内部各自为政的政治形势、雅典的海军优势、西西里在整个战局中的重要地位等的基础上,指出,对于雅典这样充满进取心的城邦来说,苟且偷安意味着自废武功,对于雅典人的

---

① 修昔底德:Ⅵ—12.2。

帝国事业来说，不仅需要保住现有属邦，而且需要谋划扩展其范围，不是坐等强敌来犯，而是预先使强敌丧失来犯的能力，帝国停止统治别人之时，就是遭别人统治之日。

眼见公民大会表决出征已成定局，尼西阿斯再次拿出当年对付政敌克里昂的故伎，以让出统帅权相要挟，要求公民大会大幅增加出征兵力，其直接目的在于迫使公民大会可能会因为派不出他所要求的兵力而放弃远征计划，即便最终无法阻止，也能确保自己在西西里万无一失，避免因吃败仗导致晚节不保、令誉受损，而令誉对尼西阿斯来说比什么都重要。谁知雅典人的远征热情非但并未因此稍有降温，反而变得空前高涨。雅典人给予尼西阿斯充分信任，在授予前线将军自由处置权的同时，以后防空虚为代价，满足尼西阿斯过分的兵力和物资要求。

不过，反对远征的势力并未就此收手，出征前夕雅典城内发生的赫尔密石像案，不仅是亚西比德个人政治生涯噩梦的开端，更是将远征军和雅典人的帝国事业推向深渊的一连串事件的起点。这起事件，尼西阿斯是否直接卷入其中，修昔底德并未有明确交代，但从修昔底德对事件过程的缕述来看，这起所谓的渎神案背后显然是亚西比德的政敌们机关算尽且孤注一掷的政治豪赌，为彻底搞垮亚西比德，政敌们可谓用尽心思，为他"量身定制"了一个深不可测、逃无可逃的政治陷阱。

事件甫一发生,政敌们便将其定性为远征出师不利的预兆,同时号召人们大胆检举揭发。于是,各种看似言之凿凿的指控纷至沓来:有人正阴谋颠覆民主政体;先前类似损毁神像的事件,正是一伙深夜酗酒的年轻人所为;亚西比德经常在私人住宅戏访嘲弄厄琉息斯秘仪。一时间坊间谣言四起,政敌们趁机大做文章,他们蛊动舆论,认定秘仪事件和损毁神像事件属同一性质,目的都是意在推翻民主政体。而亚西比德个人平素的言谈举止和生活作风,很难不使舆论将他与这起事件对号入座。

面对上述指控,亚西比德表示,他本人愿意接受审判,有罪伏法、无罪释疑,同时要求审判务必在出征之前完成,否则让他带着嫌疑领兵出征,对于国之大事,只会贻害无穷。亚西比德的政敌当然不会遂其所愿,他们索性一不做二不休,反其道而行之,由于担心立即审判会动摇舆论对亚西比德的怀疑,为此,"他们极力反对立即审判的提议,怂恿其他演说家提出,他应该马上起航,不得耽误出征;但在指定的日期回来受审。其目的是,召他回来,以更严重的指控审判他——在他离开雅典期间,这些指控容易编造"。[①]最终,雅典公民大会通过决议,要求亚西比德立即带兵起航。

---

① 修昔底德:VI—27.3。

就这样，亚西比德便一步步走向政敌们为他精心布设的三道陷阱，这三道陷阱一道比一道更深，亚西比德纵有三头六臂，也注定逃无可逃。首先，在出征前夕，为亚西比德"度身定制"渎神案，故意拖延审判，力促亚西比德身负嫌疑领兵出征；接着，利用雅典人的"恐僭"情绪，趁亚西比德不在国内为其罗织罪名，制造舆论；最后，嘱意负责押解亚西比德回国受审的船员于回程途中蓄意将其放跑，而亚西比德最终叛逃至雅典的死敌斯巴达，这更为政敌们将亚西比德在政治上彻底搞垮提供了趁手的把柄。

就这样，亚西比德的政敌不仅堂而皇之地清除了他们的"眼中钉肉中刺"亚西比德，而且为自己赢得了民主捍卫者的美名。与此同时，雅典民众也纷纷因为亚西比德政敌们的"壮举"兴高采烈，心想真相终于水落石出，而且幸亏发现及时，否则后果不堪设想。最终，亚西比德在缺席情况下被雅典法庭判处死刑，个人财产遭罚没，同时在卫城之上竖立刻有咒语的耻辱柱。

就这样，曾经的雅典骄子开始了其长达八年的流亡生涯。满腹经纶、八斗才华，只能在斯巴达元老院、监察会、波斯宫廷、地方总督那里游走保身。对于亚西比德来说，如今的雅典已被政敌的卑劣行径彻底败坏。接下来，摆在曾经的爱国者亚西比德面前的首要任务，就是不惜一切手段清除那些寄生于城邦肌体上的"毒瘤"，即那些藏匿暗处、居心险恶的政敌。正是他们迫使他这位雅典的朋友变成了雅典的敌人,雅典真正的敌人不是斯巴达,而是那帮不惜将群众导入歧途的阴谋家们,如今,亚西比德矢志要夺回的,正是那个自己能够安享公民权、施展个人政治抱负的雅典,而要实现这一目标,这位流亡政治家唯一能倚重的,只有通过巧施智术,在雅典与其敌国(斯巴达和波斯)之间纵横捭阖、借力打力。

三 流亡著作家笔下的流亡政治家

亚西比德被召回途中"逃脱",辗转流亡至斯巴达。在斯巴达公民大会上,亚西比德发表长篇演讲,首先为自己此前针对斯巴达的敌对举动辩护,他辩称,我亚西比德之所以从斯巴达人民的老朋友一变而成为斯巴达的敌人,错不在我,而在斯巴达一方,斯巴达通过我的政敌尼西阿斯与雅典媾和,我亚西比德却遭无视、颜面尽失,而尼西阿斯却风光无限,因此,斯巴达因"四国同盟"而遭受伤害,就没有理由将矛头转向作为同盟主谋的我亚西比德。而且,你们也不必因为我作为群众领袖的身份而对我心存偏见,坦率地说,民主政体绝非什么值得称道的好东西,只不过是非常时期将错就错、得过且过的权宜之计罢了。事实上,在民主政体下,群众经常被那些居心叵测之人导入歧途,他们不问是非、不辨好坏,竟然将我这个雅典真正的朋友逼成了雅典不共戴天的敌人。

在消除了斯巴达人对自己的固有成见之后,亚西比德接着以当事者口吻,向斯巴达人展示雅典远征西西里的战略路线图:先拿下西西里,继之征服意大利,接着吞并迦太基,然后集新获得领地全部资源围攻伯罗奔尼撒,至此,整个希腊便一举纳入雅典人的统治之下。显而易见,这在事实上尚未成为雅典人的战略共识,但经亚西比德这么一勾勒,变得真实可信,对早已疑虑重重的斯巴达人来说,这样的图谋真可谓细思恐极,而且迫在眉睫、刻不容缓,必须立即采取行动,而这也正是亚西比德试图透过这场演讲所要达成的主要目标。

在分析了雅典一方的战略图谋之后,亚西比德紧接着向斯巴达人提出具体的针对性战术步骤:驰援叙拉古,增强其抵抗雅典的信心和能力,促使整个西西里团结御侮,同时派司令官帮助西西里各城邦整军经武;在雅典北部边境得刻勒亚修筑要塞,常年驻兵骚扰,掠夺财产,抢占土地,控制劳瑞翁银矿开采。亚西比德提出的这两项策略,更为直接的矛头针对的正是自己的政敌尼西阿斯。

亚西比德被逐,作为其政治上的死对头的尼西阿斯,当然乐见其成。作为远征军统帅,消除了亚西比德的掣肘,尼西阿斯为此长舒一口气,他从此大权独揽,踌躇满志。念及此,亚西比德本能地咬牙切齿,心中满满的恨意。为了报复政敌,亚西比德提出如下"双保险"策略:一方面促使斯巴达介入西西里事务,而远征一旦遭遇败绩,作为远征军统帅的尼西阿斯必将好运不再、晚节不保,而对尼西阿斯来说,确保令誉不失实乃个人毕生头等大事,为此,修昔底德评论说:"尼西阿斯一直顺风顺水,受人尊敬,想要保住自己的好运,不仅想免除自己眼前的辛劳,还要免除雅典公民的辛劳,给后世留下一个终身不给城邦带来灾祸的名声。他认为,要做到这一点,就要远离危险,尽可能不去碰运气,只有和平才能避免危险。"① 另一方面,尼西阿斯本人家财万贯、富可敌国,他经常慷慨捐赠,借以收买人心。尼西阿斯本人正是雅典闻名遐迩的大矿主,握有劳瑞翁银矿开采权。斯巴达军队一旦驻屯雅典北境,无异于断了尼西阿斯个人及其家族的重要财路。

斯巴达当初将流亡中的亚西比德招至麾下,其目的当然是要利用亚西比德,诸如获取更为直接的军事情报,对雅典构成舆论攻势,等等,对此,亚西比德自然心知肚明,他要极力向斯巴达证明自己的利用价值,在争取斯巴达政治庇护的同时,不失时机利用斯巴达打击甚至消灭国内政敌,为自己有朝一日能重返雅典铺平道路,而亚西比德对于斯巴达人的

---

① 修昔底德:V—16.1。

利用价值耗尽之日,便是亚西比德不得不另谋出路之时。

眼见自己在斯巴达性命难保,亚西比德便当机立断,转而投靠波斯,并成为波斯总督提萨珀耳涅斯的至交。亚西比德替总督出谋划策,而总督对亚西比德也是言听计从,为了向总督表明自己是可以倚重的盟友,亚西比德向总督提出如下行动方案:在斯巴达和雅典之间采取平衡战略,想方设法克扣斯巴达同盟海军军饷,遏止斯巴达日益增长的制海权,保持陆权与海权分属斯巴达和雅典,使希腊人在内斗中彼此消耗,波斯坐山观虎斗,收渔翁之利,对此,波斯总督当然乐见其成。不过,这时的亚西比德当然另有所图。

如果说他已经利用斯巴达除掉了自己的头号政敌尼西阿斯,后者在西西里兵败被杀,那么,如今的亚西比德似乎看到了返回雅典的曙光,而波斯总督正是他借以要挟国内当局的关键筹码。亚西比德首先通过萨摩斯的雅典军队将领,放出口风说,只要雅典国内用新的寡头制取代原来那个将自己放逐的民主制,他愿意回国效命,同时承诺将利用本人与波斯总督的私人关系促使波斯与雅典的结盟。经过国内各派势力的你来我往,亚西比德的纵横捭阖、里应外合,在深陷困境的雅典人渴望"救世主"的舆论氛围中,智术师安提丰趁机策动寡头政变,建立"四百人"政权。与此同时,在萨摩斯的雅典军中却爆发了一场性质相反的政变,政变推翻了当地原有的寡头政体,确立了民主政体。一时间,雅典党争演化为寡头派主政的雅典与民主派主政的萨摩斯之间的对峙,萨摩斯的雅典军队提出动议,要求攻打雅典本土,惩罚"四百人"政权,只因亚西比德的极力劝阻,动议才最终作罢,一场更大规模的内战得以幸免。对此,修昔底德评论说:"亚西比德可以说第一次为城邦作出了杰出的贡献。"①

此时的亚西比德,业已看到自己漫长的流亡生涯的尽头,距离返回祖国仅一步之遥。与此同时,流亡著作家修昔底德的记述却戛然而止。

四 修昔底德的申辩

公元前424年,安菲波里失守。作为驻守色雷斯地区的海军将领,修昔底德难辞其咎。修昔底德遭到政敌指控,最终被雅典法庭以叛国罪判处流放二十年。立功不成转而立言,修昔底德利用这意外获得的充足闲暇,走访战争当事者,甄别事实,寄寓心意,可以说,《伯罗奔尼撒战争史》正是修昔底德借以骋怀的发愤之作。

叛国、政敌、审判、流放、离乡背井,修昔底德与自己笔下的亚西比德可谓心有戚戚,对亚西比德的遭际可谓感同

---

① 修昔底德:VIII—86.4。

身受。透过修昔底德细腻的笔法,亚西比德活灵活现,如在眼前。亚西比德的遭际,实在是"政治人"遭遇逆境的极致,而亚西比德通过其行迹,将"政治人"奋发有为、克服逆境的钢铁般意志发挥到极致。

修昔底德书写亚西比德,也在书写自己,他为自己申辩,也为亚西比德申辩,更为"政治人"申辩。公元前399年苏格拉底遭到控告,罪名是"败坏青年,不信本邦神祇,另奉新的灵机",同年,雅典法庭开庭审判苏格拉底。在柏拉图笔下,这场审判被反转为苏格拉底对雅典人和雅典城邦的审判。如果说《苏格拉底的申辩》透过哲人苏格拉底,展开对帝国灵魂的深度拷问,那么,修昔底德《伯罗奔尼撒战争史》则透过"政治人"亚西比德,展开对帝国政制的严厉拷问。

在柏拉图笔下,亚西比德坦承,自己被苏格拉底的爱智言论"咬伤",咬在灵魂深处,痛彻心扉。在哲学世界的美善正义面前,亚西比德心向往之,然而,面对政治世界的花言巧语、名缰利索,亚西比德却打熬不住,束手就擒。苏格拉底让亚西比德既爱且恨,爱的是他灵魂的惊人之美,恨的是这种美对自己来说非但遥不可及,反而衬托出自己的丑陋不堪,这时刻打击着亚西比德的自尊和自信,令他羞愧难当,无地自容。① 作为亚西比德唯一的"爱人",苏格拉底最

---

① 柏拉图:《会饮篇》,王太庆译,商务印书馆2004年,216A—219D。

大的忧心在于,强大的城邦会将亚西比德从自己身边拖走,亚西比德正在如许多雅典绅士一样遭到民主人的腐蚀败坏。①

然而,吊诡的是,尽管在争夺雅典青年亚西比德的斗争中,苏格拉底败下阵来,而败坏青年的罪责,却被以看似不证自明的方式转嫁到哲人头上。

在修昔底德笔下,亚西比德智识卓尔不群,见识出类拔萃,军事才能冠盖群伦,他既深谙帝国生存之道,又能运筹帝国经营之器。尽管私人生活方面,亚西比德随性自为,言谈放荡不羁,热衷奢靡排场。但在经纶国务方面,修昔底德坦言,当世无人堪与亚西比德比肩。雅典人只是因为反感其生活作风,不惜在政治上抛弃亚西比德,转而"将城邦委之于他人,时间不长,便毁了城邦"。② 群众偏听偏信,疑神疑鬼,"他们不去验证告密者的话,相反,疑心重重,什么话都接受。他们相信了卑鄙小人的话,逮捕了一些最优秀的公民,囚禁起来"。③ 述及亚西比德从前线被召回受审,修昔底德突然岔开话题,追溯公元前514年那场弑僭阴谋的原委,意在表明雅典人对僭主统治歇斯底里般的恐惧,其来有自,事变促使斯巴达介入雅典内政,被驱逐的僭主希庇亚

---

① 柏拉图:《阿尔基比亚德上篇》,132a,王晓朝译,见《柏拉图全集》(增订版)下卷,人民出版社2018年,第430—482页。
② 修昔底德:VI—15.4。
③ 修昔底德:VI—53.1。

则逃往波斯,跟随波斯大军入侵希腊。对这段历史的情感记忆使雅典民众杯弓蛇影,偏执易感,随之而来的是雅典人只要听闻某人有僭主图谋,便不惜采取不择手段的鲁莽举动。亚西比德的政敌们正是利用了雅典民众的这一"心病",成功地将亚西比德诱入他们处心积虑为其预先布设的政治陷阱。

亚西比德去国怀乡,寄人篱下,却愈挫愈勇,不屈不挠,机关算尽,冀望重返雅典,施展抱负,重振国威。透过绵密的叙事,修昔底德似在向读者暗示,遭到败坏的并非亚西比德,而是雅典民众,正是他们被那些用心险恶的政客导入歧途,陶醉于民主人的幻觉,以至鱼目混珠、是非不辨,致使国家大政进退失据、方寸大乱:克里昂效命疆场、马革裹尸,他们却百般嘲讽;尼西阿斯阴险伪诈、落井下石,他们却感恩戴德;亚西比德满腔热血、一心报国,扶大厦于将倾,换来的却是国人唾弃,政敌的狞笑,以及后见之明者们理直气壮且自鸣得意的道德谴责。

"立法诗"与"悲剧诗"
——霍布斯与修昔底德

在西方政治传统叙事中,始终存在两种小传统之间的纠结、张力甚至对峙,即法权与意志、法治与人治、制度与强力之间的冲突与协调,前者表现为梭伦-克里斯提尼一系通过立法实现"共和"的传统,而后者则表现为庇西特拉图-伯里克利一系的僭主-"第一公民"通过领导者的品格确保制度有效运转的主张。两种小传统互为表里、彼此彰显,才是西方政治秩序中"正义"与"强力"彼此支撑的关键,也是一切政治秩序的普遍理想。

正是上述两种小传统彼此交替、互为表里,共同促进了雅典帝国的崛起,而后一传统可以说在其中发挥了关键作用,不难想见,若没有庇西特拉图僭政(公元前560—前510年),梭伦宪法只能沦为一纸空文,若没有作为"第一公民"的伯里克利(公元前461—前429年)对雅典民主及时的约制和引导,这一被认为雅典人独特发明的制度的优越性非但难以实现,甚至会走向反面,伯里克利离世(公元前429年)后,雅典民主的畸变以及帝国事业的中辍,即为明证。

梭伦-克里斯提尼传统在亚里士多德著述中得到系统阐发,这一历史-理论传统经由罗马政治理论和中世纪经院哲学,对现代政治理论产生了主导性影响。而以庇西特拉图和伯里克利为代表的僭政-"第一公民"传统作为事实上的主导力量,却由于各种原因隐而不彰,甚至在著述家那里讳莫如深。有鉴于此,笔者将霍布斯与修昔底德对观,其核心旨趣并不在于凸显修昔底德对霍布斯所谓的思想影响,或局限于比较两者之间的所谓异同,而是力图借助霍布斯的"理论之眼",洞察修昔底德著述中对僭政-"第一公民"传统的揭示,以及其中蕴含的深沉的政治教诲。与此同时,透过修昔底德的政治教诲,探索推进理解霍布斯公民科学的新历史坐标。如果说修昔底德的著述笔法仍显婉转曲折,那么霍布斯则对这一传统做了空前充分的发挥,可以说,以霍布斯为代表的"现代立法诗"即公民科学正是对这一传统的创造性转换和发扬。在霍布斯心目中,修昔底德并非一般意义上的历史学家,其著述绝非仅仅在于记述亚里士多德意义上的"历史",即已然发生的具体事件,而是旨在表现普遍之事、更富哲学性的"悲剧诗",他通过已然发生之事洞察可能之事,而这恰恰是对修氏如下断言的最佳注脚,即:"我的著作并非一时应景之作,而是要与日月同辉,与天地同久。"①

霍布斯的学术志业从翻译修昔底德《伯罗奔尼撒战争史》(以下简称《战记》)始,以翻译荷马史诗终,哲学巨著《利维坦》恰好居其间。修昔底德透过其绵密的战争叙事,将政治世界的澎湃激情呈现得一览无余,荷马英雄史诗则将"审慎"(discretion)这一至上美德发挥得淋漓尽致,而霍布斯立法科学的命意则在于,建构坚固的堤坝,防止激流横冲直撞,破坏田园房舍,用正确的理性即自然法规导政治社会的激情。如果说修昔底德呈现的是一部"悲剧诗",那么,霍布斯提供的则是一部"立法诗",它传递的是自然理性的声音,在霍布斯那里,"历史"更多的是修昔底德式的,并非是对过往事件的简单记录,而是关于普遍人性的科学。可以说,霍布斯将修昔底德式的古典悲剧诗提升至现代公民科学的高度,他不仅致力于描绘和诊断现实,更致力于探索针对现实的解救之道。

为此,笔者所要探讨的议题如下:修昔底德对霍布斯式

---

① Thucydides, *The Peloponnesian War*, The Complete Hobbes Translation. The University of Chicago Press, 1989. P. 14. 鉴于本篇论题需要,修昔底德《伯罗奔尼撒战争史》参考霍布斯英译本。

政治理论有着怎样的框架性意义？霍布斯对修昔底德战争叙事中关于政治本质的教诲对当今的中国人重新认识西方以及政治本身会有怎样的启迪？前有马基雅维利，后有托克维尔，霍布斯贯通古-今，融会经-史，存迹示法，为万世开太平。

一　英译修昔底德《战记》：学术志业与帝国事业

霍布斯生于1588年4月5日，据说母亲因风闻西班牙无敌舰队入侵的消息，受到惊吓意外早产，霍布斯以略带调侃的口吻回忆，"恐惧"是自己的双胞胎兄弟，"恐惧"也成为霍布斯政治哲学中的关键词之一，即对知道曾经有损于自己或不知道是否有损于我们事物的嫌恶，对暴力死亡的恐惧正是促使人们倾向于和平的主要激情，"恐惧"作为自然状态中人们的主导性情感，正是进入政治社会的核心动力。

从1588年无敌舰队入侵英格兰，到1602年英国接受西班牙军队投降，经过十四年的海上争夺战，英国，这个一度偏安一隅的贫弱小国，在伊丽莎白女王（1558—1602）的领导下迅速成长为欧洲强权。然而，对外战争的胜利并未换来国内政局的稳定，事实却是，英国国内却陷入了长期的内讧动荡，王权与议会、政治与宗教、教派与教派之间纷争不断,英国在内战的旋涡中越陷越深。就其所身处的时世来看,霍布斯与修昔底德有着惊人类似,即在新的海上帝国开始崛起的同时,国内党争却日趋白热化,民主革命导致国内政局陷入紊乱。新兴的英吉利帝国能否避免重蹈两千年前雅典帝国的覆辙? 这或许正是霍布斯在众多古典著作家中由衷青睐修昔底德的直接原由,而对霍布斯来说,英译修昔底德《战记》,既是霍布斯政治思考的起点,也是英帝国事业的重要组成部分。

1629年,正值英王查理一世与议会之间关系日趋紧张,双方的政治裂痕也日趋明显,修昔底德《战记》新的英译本问世。霍布斯在第一版封面就明示,这个译本是直接依据希腊文翻译的,其准确性显然超越了业已印行于世的托马斯·尼科尔斯(Thomas Nicolls)1550年译本,后者据说是从法译本转译的,而法译本又是从拉丁译本转译的。

要理解霍布斯翻译修昔底德的用意,自然需要关注霍布斯本人的叙述,即《战记》英译本"献词"、"致读者"以及作为附录的"关于修昔底德的生平与历史"[1]。对于当时已届不惑之年的霍布斯来说,翻译的首要目的并不在于向英

---

[1] Thomas Hobbes, "To the Honorable Sir William Cavendish", "To the Readers", "On the Life and History of Thucydides", in Thucydides, *The Peloponnesian War*. The Complete Hobbes Translation. The University of Chicago Press, 1989.

语世界那些不通希腊文的读者介绍修昔底德著作,而是展示译者与原作者即霍布斯与修昔底德之间更为直接的对话过程。在"致读者"中,霍布斯毫不讳言自己对修昔底德的钟爱,在古典著作家中,修昔底德于历史,恰如荷马于史诗、亚里士多德于哲学、德摩斯提尼于修辞学,他们在相应领域内所树立的高度令后人高山仰止。在霍布斯看来,修昔底德代表了历史著述的最高典范,"历史著述的首要职志在于:通过关于过去行动的知识,教育人们,使他们能够在当下智虑明达,对未来深谋远虑,只有修昔底德堪当此任。……修昔底德是最有政治头脑的史著作家(the most politic historiographer)……他遴选事实,甄别次第,凌云健笔,力透纸背,正如普鲁塔克所言,修昔底德把听众变成观众……修昔底德的上述诸品质让我对他钟爱有加,使我油然而生与他进一步交流的冲动:这一下子促使我投入翻译工作"。①

在霍布斯看来,那些明智好学之士,若能够仔细研读修昔底德,必将大有收获,而修昔底德本来的写作对象正是这部分人。在呈递给自己的保护人威廉·卡文迪士伯爵(Sir William Cavendish)的"献词"中,霍布斯这样写道:"向阁下举荐修昔底德,绝非一时心血来潮,并非因他出身王族;修昔底德之所以值得阁下垂青,在于他的著作,缙绅将从中获

---

① Thucydides, xxi—xxii.

得良师益友,学会处理重大事务的能力。尽管阁下从小深受英雄品行的熏陶和训诫,不过我可以信心满满地向您举荐这本书,它将会对您的成长助益良多,尤其是在您即将步入成年自立自为之时。因为在历史中,荣耀与羞耻判然两立、界线分明;但在我们这个时代却混淆不明,而不为所惑的明辨之士却寥寥可数。"① 可见,霍布斯的学术志业即面向实践的经世之学,其核心旨趣在于培养堪当治国安民之大任的士大夫和立法者。

在晚年完成的拉丁文诗体《自传》中,霍布斯写道,在他所接触的所有古典作家中,最使他倍感亲切的还是修昔底德,"他向我揭示了民主政治如何无能,一个人的贤明远在群众之上。我之所以翻译这位著作家,想让他直接向英国人发话,告诉他们警惕那些滔滔之士的华丽言辞"。② 在这里,霍布斯显然在暗示英国议会下院那些借民主、自由、权利之名,煽动群众造反趁机浑水摸鱼争权夺利的阴谋家们。在霍布斯心目中,英译修昔底德《战记》,将为英国人提供审视自身的"窗口",作为他们反观自身的一面"借

---

① Thucydides, xx.
② "Sed mihi prae reliquis Thucydides placuit/Is Democractia ostendit mihi quam sit inepta/Et quantum coetu plus sapit unus homo/Hunc ego scriptorem verti, qui diceret Anglis/Consultaturi rhetoras ut fugerent", Quoted from, Robin Sowerby, "Thomas Hobbes's Translation of Thucydides", *Translation & Literature*, 7:2(1998), P. 165.

镜",安提卡半岛曾经的闹剧似乎正在英伦岛重演,只不过新的舞台有了新的演员登台。群众陶醉于民主幻觉,政客摇唇鼓舌,煽动民众情绪,结党营私,争权夺利,手段无不用其极,民众纵情任性,蔑视一切权威,政客专意于私人野心、个人打算,党派醉心于阴谋诡计,为消灭对手不惜孤注一掷,宗教成为阴谋集团争夺权位、消除异己的挡箭牌,雅典政坛最终沦为庸众与掮客的竞技场,致使帝国内力遭遇釜底抽薪,国势横遭凌夷。

霍布斯在让古希腊人修昔底德说英文的同时,也在透过修昔底德向英国人传达某种政治教诲,在这一过程中,两位哲人实现了智性上的高度默契。修昔底德热爱雅典,但他首先热爱的是真理,只有热爱真理才使他不为党见左右,直接面对事实本身,才使他的著作与天地久长、与日月同辉,具有了恒久的教育价值。在修昔底德那里,热爱真理正是热爱祖国的前提,为此,霍布斯引述罗马哲学家兼修辞学家琉善(Lucian)《历史应如何书写》一文说:"历史书写者在著述中应当使自己成为局外人,他没有祖国,只遵奉自己的律法,他没有国王,他只关注事情本身,无论人们喜欢还是厌恶。"[1]

与修昔底德遭际类似,霍布斯一生颠沛流离,其著述言

---

[1] Thomas Hobbes,"On the Life and History of Thucydides", in Thucydides, P.581.

论志在有益于国是,却横遭各个政治派系的攻击迫害,甚至几度命悬一线,被迫流亡异国他乡,民主派认为他为专制君主辩护,保王党人认为他别有用心,旨在"使数以千计的绅士可以安心地服从现政府"的《利维坦》被指控宣扬"无神论"、有"反宗教和渎神嫌疑",作者本人被指控为"叛国分子"。在《修昔底德的生平和历史》一文中,霍布斯以哲学家阿那克萨哥拉、苏格拉底的遭遇自况。修昔底德虽然未遭到类似的厄运,但从他对尼西阿斯行迹的描绘中,霍布斯发现,修昔底德能够做得既不那么迷信,也避免给人留下无神论者的印象。对于那些提醒人民面对自身缺陷,提出审慎建议以利国是者,人民往往咬牙切齿,欲迅速除之而后快,而对那些为谋取权位和私利不惜将国家推向危险境地的鸡鸣狗盗之徒,人民却将他们奉为贤明,与一个人相比,群众(multitude)往往是非不分、自以为是且胆大妄为,失去了"第一公民"伯里克利的雅典民主,逐步堕入无序,进而走向疯狂,最终自我毁灭。①

对霍布斯来说,如果说英译修昔底德的现实意图仍然略显委婉的话,那么,他耄耋之年写成并在去世后最终公诸于世的《狴希莫,或长期议会》,则是对英国内战这一紧迫问题更为直接的回应和诊断。

---

① Thomas Hobbes, "On the Life and History of Thucydides", in *Thucydides*, PP. 571—2.

二 《狌希莫》:修昔底德式的"背面战场"

《狌希莫》与《利维坦》都采用隐喻性标题,"狌希莫"和"利维坦"分别出自《圣经·旧约·约伯记》第40和41章,其中,"狌希莫"字面意为"巨兽河马",而"利维坦"字面意为"海怪",这种海怪"凶猛异常;没有人敢在他面前站立……地上没有其他动物可跟他相比;他是无所畏惧的动物。他连最高傲的动物也不放在眼里;他是一切野兽的王"。巨兽河马肌肉结实,力大无比,在上帝所创造的动物中他最奇特,"只有他的创造者能击败他"。①

有关霍布斯两大著作标题的隐喻意涵,历代研究家往往聚讼不已。笔者认为,研究者与其将精力花在考证标题出典和措辞上,不如将注意力集中在霍氏著述的具体内容。按照霍布斯自己的界定,"利维坦"的具体所指相对明确,即"国家"(COMMON-WEALTH/STATE/CIVITAS),它是"有朽的上帝"(Mortal God),"我们在永生不朽的上帝之下所获得的和平和安全保障就是从它那里得来的"。② 因此,利维坦即"人们的统治者的巨大权力"。③

---

① 《圣经·旧约·约伯记》,40:15—41:10。
② 霍布斯:《利维坦》,黎思复、黎廷弼译,商务印书馆1997年,第132页。
③ 霍布斯:《利维坦》,第248页。

尽管霍布斯未明确"狴希莫"的具体所指,但从《狴希莫》一书的具体内容来看,它毋宁指涉一切针对国家的反叛力量。在该书一开篇,当对话者 B 问到为什么英国被拖入长期内战(1640—1660)的旋涡时,A 回答说是因为"人民总体上遭到败坏,桀骜不逊者将自己打扮成真诚的爱国者",而当 B 追问"人民怎么会如此败坏?究竟是什么人教唆(seduce)人民,将他们引上歧途?"霍布斯接着结合英国内战,通过对话者 A 之口将那些败坏人民的教唆者(seducers)概括为以下七类:

1. 自诩"上帝使者"的长老会(Presbyterians)牧师及其教会;

2. 那些坚称教皇作为基督代理人统治所有基督徒的天主教徒(Papists);

3. 自称自由的捍卫者们,诸如独立派(Independents)、再洗礼派(Anabaptists)、第五王国派(Fifth Monarchy men)、贵格会、亚当派(Adamits)等;

4. 这类人绝大多数接受过良好的教育,他们从小遍读古希腊罗马经典,由于这些经典作家往往将民主制粉饰为自由,将君主制妖魔化为僭主制,因此这类人便对民主制格外热衷,他们在下议院居多;

5. 这类人来自诸如伦敦这样的大型商业城市,他们对荷兰摆脱西班牙国王的君主统治之后出现的繁荣局面艳羡

不已,因此也认为英国要繁荣,必须做出类似的变革;

6. 冒险家和败家子:他们在和平时期骄奢淫逸,家底挥霍殆尽,而一旦发生战争,他们即可见风使舵、趁火打劫,从而大捞一笔;

7. 最后一类人对自己的义务毫无自觉,他们对任何未经自己点头同意的税负一概抵制,国王只不过是最高的荣誉头衔,只要财力足够,谁都有机会晋升为王,他们自认为最适合成为议员,他们反对任何形式的公共开支。①

在列举了上述七种蛊惑民众进而使其走向败坏的政治势力之后,《猎希莫》全部四篇对话则集中分析这七种势力的作用机制,而所谓的"革命"在经历大规模杀戮之后,最终完成了一个篡夺主权权力的循环往复(a circular motion)。临近对话结束,霍布斯通过对话者 B 之口这样评论道:"主权权力先从查理一世国王转移至长期国会,再从长期国会移至残缺议会,然后从残缺议会交给克伦威尔,克伦威尔再交给小克伦威尔,继之从小克伦威尔转移至残缺议会,接着再转向长期国会,最终转移到查理二世手里。"②这实在是一场极具讽刺意味的漫画式革命闹剧。

尽管《猎希莫》的主题是英国内战,但霍布斯似乎不想

---

① Thomas Hobbes, *Behemoth*, *Or the Long Parliament*, ed. Paul Seaward, Oxford University Press, 2010. PP. 109—111.
② Thomas Hobbes, *Behemoth*, *Or the Long Parliament*, PP. 389—390.

让自己的著作仅仅局限于发生在英国的这一特殊事件,它毋宁是要揭示政治世界治乱兴衰的内在机制,为此,他极力避免将《狌希莫》归于一般意义的"历史"著述。从该书的内容看,其宗旨并不在于描述事件本身的来龙去脉,而是致力于揭示内战爆发的动因。即便我们不得不将《狌希莫》归属于历史著述,但它在性质上也只能归入培根所说的"沉思式的历史"(ruminated history),"这类著作零零散散地记录了一些值得纪念的事件,往往带有作者的政治议论和评论……就它们更主要的意图,这类沉思的历史应该归属到政治论的书籍中,而不是历史类的书籍中"。①

《狌希莫》在体例上与马基雅维利《李维史论》颇似,而在主题上,则与马氏《佛罗伦萨史》和托克维尔《旧制度与大革命》接近。《狌希莫》更像一部讨论革命起源问题的对话体的政治理论著作,它与《利维坦》适成对照。如果说《利维坦》的主题在于建构实现统治的力量,那么,《狌希莫》的主题则在于揭示那些反对统治的力量,统治者与被治者之间是彼此为友还是相互为敌,团结一心还是分道扬镳? 这一问题直接关系到政治共同体的生死存亡,而这也是霍布斯政治科学的核心命题。如果说《狌希莫》旨在诊断导致国家解体的"病源",那么《利维坦》则旨在寻找解救

---

① 弗朗西斯·培根:《学术的进展》,刘运同译,上海人民出版社2015年,第72页。

这种疾患的"药方",实践智慧(Prudence)与理智智慧(Science)、政治史与政治哲学,在霍布斯的"公民科学"体系中相互渗透,浑然一体。在这一点上,霍布斯与修昔底德虽然在时间上相隔两千年,但无论是从著述视野还是理论见识来看,可以说两人在智性上有着高度的默契,他们是哲学上的同时代人。

细心的读者不难发现,修昔底德《战记》中有两条线索贯穿始终:一是斯巴达与雅典之间的"正面战场",二是雅典内部表现为贵族派与平民派党争内讧的"背面战场",城邦内战与外战、党派内讧与同盟战争彼此交错、相互推涨,而城邦内部党争往往是源发性的。战争前夕,希腊西北边陲小邦伊庇丹努因党争而引发革命,平民党驱逐贵族党,夺取了政权,贵族党力图复辟,立足未稳的平民党政权向邻邦科西拉求援未果,转而向科林斯寻求援助,科西拉见势不妙,遂支持流亡在外的伊庇丹努贵族党,科林斯眼见自己陷入劣势,遂不断扩军备战以图东山再起一雪前耻,科西拉倍感压力便向雅典寻求支持,并最终如愿以偿,而科林斯得以与斯巴达结盟,就这样,希腊世界两大同盟之间的大战自此便拉开了帷幕,雅典在同盟各国建立平民政体,斯巴达在同盟各国建立贵族寡头政体。内战因外部势力的介入而表现得格外惨烈和不择手段,科西拉革命正是其中最为典型的例证。而雅典在伯里克利去世后,其内讧也愈演愈烈,尼西阿斯与克里昂、亚西比德与尼西阿斯,政客的个人野心与党派利益彼此纠缠,亚西比德因赫尔密石像案而遭到政敌栽赃陷害,而随着战局日益对雅典不利,雅典内部平民派与贵族派之间的政治斗争也日趋白热化,雅典政体也陷入了民主与寡头之间周期性震荡的恶性循环之中。

作为修昔底德著作的英译者,霍布斯不能不为此情此景所深深触动,发生在身边的内战不能不使他产生某种精神上的"穿越感"。在修昔底德笔下,科西拉革命无疑是最为惊心动魄的场景之一,而修昔底德一改其在个人见解方面固有的矜持,以不无悲叹的笔调这样写道:"这次革命(sedition)这样残酷;因为这是第一批革命中间的一个,所以显得更加残酷些。当然,后来事实上整个希腊世界都受到波动,因为每个国家都有敌对的党派,民主党(the commons)的领袖们设法求助于雅典人,而贵族党(the few)的领袖们则设法求助于斯巴达人……在各城邦中,这种革命常常引起许多灾殃,只要人性不变,这种灾殃现在发生了,将来永远也会发生的,尽管残酷的程度或有不同;……战争是一个最为严厉的教师,它使人们不易得到他们的日常需要,因此使大多数人的激情(passion)随机应变。这样,城邦接踵爆发革命,彼此攻击,残酷报复,手段不断翻新……先前被视为莽撞之举,如今却被奉为真心英雄;曾经的明智审慎,如今被目为懦夫;节制被等同于怯懦;遇事通情达理,却被贬为庸碌无为;草率行事被视为勇毅果敢,谨慎周全被认为是预谋背叛;言行激烈者总是受到信任,而反对他们的人总是遭到猜疑。……这些派系(societies)的目的不是为了享受现行法律的好处,而是目无法纪趁火打劫。……利用诡计克敌制胜,可以博得美名;背信弃义者被视为能力过人,诚实单纯成为羞耻的别名。……许多城邦的主政帮派(faction)都不乏措辞美妙的政纲,有的主张民众在政治上的平等(the political equality of the multitude),有的主张温和的贵族政治(the moderate aristocracy),他们都宣称为人民谋福利,但事实上那只不过是他们对付敌人的美丽幌子;他们无情打击,残酷报复,不择手段,无视正义,不顾公益,他们唯一在意的是他们自己帮派的私欲,随时准备利用违背正义的判决或干脆铤而走险,夺取政权,以逞其眼下的怨愤。结果,虽然双方都无视宗教誓约,但那些巧舌如簧、善于发表动人言论,能够颠倒黑白、混淆是非者却备受追捧。……这样,在整个希腊,这些人发动的革命导致斯文扫地、恶行猖獗。诚实正直(sincerity)本是人的慷慨天性的重要部分,如今却遭遇嘲笑。……那些最没有头脑者却能够青云直上、飞黄腾达。"①

---

① Thucydides, PP. 204—206.

这一图景似乎就是霍布斯所描绘的"一切人对一切人的战争"的折射,是《利维坦》最末一节所聚焦的"黑暗王国"。值得我们注意的是,霍布斯直接将这里的"demos"(大众)与"oligoi"(寡头)分别对译为"the commons"与"the few",前者既可理解为议会下院,也可指多数"民众"(multitude),即"大多数不明真相的群众",而"the few"正是《狴希莫》中所集中分析的七类"教唆者"(seducers),他们属于"一小撮别有用心的人"。一般译者往往将"stasis"(内乱、骚乱)对译成"party strife"(党派纷争)、"civil disorder"(民众失序、骚乱)、"faction"(派系之争),霍布斯却径直将其翻译为"sedition",意为"阴谋叛乱"、"煽动造反",在霍布斯著作中,"sedition"经常与"rebellion"(叛乱)互用,即一切旨在破坏法律、颠覆国家的行为。在《狴希莫》结尾,霍布斯将1640年至1660年英国内战称为"revolution"(革命),但这里的"革命"显然借自霍布斯的几何学和自然哲学,它并不具有后来被赋予的道德和推动历史进步之意涵,因为在霍布斯看来,所谓"革命",无非是各种心怀叵测的政治势力篡夺主权权力过程,而且恶例一开,便会螳螂捕蝉、黄雀在后,篡权动机一旦深入人心,覆水难收。在霍布斯眼里,那些所谓的"革命者"无非都是些"usurpers"(篡权者)、"seducers"(教唆者),他们口是心非、阴险狡诈,以"自由"、"平等"、

"权利"之名,行谋夺权位以呈私欲之实,他们在"革命"中混淆视听,颠倒黑白,妖言惑众,蔑视权威,无视法律,教唆民众不安本分,破坏秩序,自己却浑水摸鱼,趁火打劫,中饱私囊。霍布斯有关"革命"的这一幽暗判断很难为今天的读者所接受,不幸的是,那些让人目不暇接的现代"革命"往往坐实了霍布斯的这一论断。

三 霍布斯与修昔底德:政治科学与政治史学

如果能够暂时摆脱现代学科边界的局限,读者便会发现霍布斯与修昔底德在政治理论议题上的一致性,即如何建立并维持稳定的政治秩序?修昔底德对城邦内讧的缘起、表现及其后果做了最为充分的展现,而霍布斯不仅将修昔底德的历史场景转移至英国革命现场,而且试图通过全新的理论努力,探索建立现代政治秩序的新科学。霍布斯的"政治史学"属于修昔底德意义上的历史,霍布斯的"政治科学"正是在修昔底德启发下的新的创造。

从理论视野来看,在霍布斯与修昔底德之间,还横亘着一个关键人物,即亚里士多德,可以说,霍布斯的公民科学的矛头直接指向经院哲学,而经院哲学的根基在于亚里士多德形而上学与经院神学的结合。在揭示经院神学对《圣经》的荒谬解释的同时，霍布斯也将矛头直接对准了亚里士多德的形而上学、伦理学和政治学。

在古代世界，修昔底德正是亚里士多德的直接对话者，《政治学》与《伯罗奔尼撒战争史》都是八卷，是巧合还是亚氏刻意为之？我们不得而知，但文本本身却给我们留下了些许值得玩味的线索。如果说修昔底德笔下的"正面战场"是理解"战争与和平"主题的关键，那么其"背面战场"对于把握修氏政治理论至关重要，如何防止类似科西拉内战、雅典内讧的可怕后果？修昔底德未能直接给出切实有效的应对办法，但他似乎暗示雅典只有最终依靠庇西特拉图或伯里克利这样的英明领袖（前者被称为"僭主"，后者被称为"第一公民"），才能阻断党争的循环，不过，充分意识到修昔底德这一暗示并对之进行充分发挥的不是亚里士多德，而是霍布斯。通观《政治学》全书，其核心关注在于，分析平民政体与寡头政体各品种，比较其优劣等差，权衡其利弊得失，以及"一般政体是怎样毁灭的，各个政体是怎样毁灭的，怎样保全这些政体？它们所由毁灭和保全的原因何在？"①而《政治学》的核心旨趣在于承接梭伦式的立法传统，即如何通过政体设计实现城邦内贵

---

① 亚里士多德：《政治学》1289b15—25。

族与平民、富人与贫者、少数与多数之间两不相害、各得其所,其中第五卷集中讨论政体的变革与保持,党争的根源及其后果,正是针对修昔底德笔下"科西拉革命"所开出的理论处方。

亚里士多德的所谓"立法科学"在理论上是否能够自圆其说,在实践中能否奏效,正是霍布斯对亚里士多德伦理-政治理论提出的重大挑战。亚里士多德断言"人天生是政治的动物"、"人是天生适合社会的动物",这在霍布斯看来,尽管广为接受,却无法成立,"其错误在于它立足于对人的自然状态的浅薄之见",人们之所以寻找友伴、进入社会,首先出于彼此的恐惧而非友爱,不是相互需要而在于追求荣耀,"人如果没有恐惧,就会更急迫地被支配人所吸引而不是被社会所吸引。我们因此可以说,大规模的、持久的社会的起源不在于人们相互的仁慈而在于相互的恐惧"。① 亚里士多德认为,人的每种技艺、每种实践都以某种善为目的,政治即城邦的幸福代表着最高善,而在霍布斯看来,若依据私人的欲望和尺度判断善行与恶行,那么人们必然会以自己的情感判断自己、他人和国家行为的善恶,个人意见取代了普遍法则,公共法律形同具文,其结果,"各人的喜好既然是千差万别的,所以便没有

---

① 霍布斯:《论公民》,应星、冯克利译,贵州人民出版社2003年,第4—6页。

普遍同意的事情存在,而只是各人敢怎么做就各行其是地干,使国家归于灭亡"。①

在政体问题上,亚里士多德划分出"正宗类型"与"变态类型",其核心标准是统治的目的在于城邦的"公益"还是统治者的"私利",即"凡是照顾到公共利益的政体就都是正当或正宗的政体;而那些只照顾统治者们的利益的政体就都好似错误的政体或正宗政体的变态(偏离)"。② 亚里士多德的这一主张在霍布斯看来荒谬且格外危险。事实上,统治者与被治者的利益从来就无法割裂开来,而且,亚里士多德的这一主张为一切煽动叛乱者提供了堂而皇之的口实,即任何人,只要发现现存的统治对自己不利,都可以举起"诛杀暴君"的义旗,从而使国家堕入无政府状态,公民之间陷入"集体性的相互屠杀",到头来身受其害的是广大人民群众,而那一小撮煽动叛乱的别有用心者则以"诛杀暴君"之名行"消灭政敌"之实,对此,霍布斯援引修昔底德对公元前 514 年雅典历史上著名的"弑僭"阴谋带有反讽色彩的描绘,反问道:"是谁告诉你他是暴君,除非你吃了我告诉你不可吃的那棵树上的果子?你为什么把上帝推为王的人叫成暴君,除非是你个人声称自己知道善恶?既然认识到它可以把任何王——无论好坏——都

---

① 霍布斯:《利维坦》,第 542 页。
② 亚里士多德:《政治学》,1279A20。

推到受这种判断的谴责、被某个刺客所谋杀的危险中去，那就容易看出，这种信念对国家尤其对君主制是多么的危险。"①

雅典人被长期灌输而形成的对所谓"僭主"政治的本能式恐惧，成为那些别有用心的政客和蛊惑家们随时用来消灭政治对手的利器，卓越之士要么畏首畏尾、疲于自保，如尼西阿斯，要么因遭遇陷害而心怀愤恨，为东山再起而不择手段，如亚西比德。可见，亚里士多德无缘深入领会修昔底德的政治教诲，严重低估了庇西特拉图和伯里克利为代表的僭主-"第一公民"的重要性，而是醉心于勾勒梭伦-克里斯提尼式的理想蓝图，沉迷于理想的制度设计，这在现实中造成的危害是显而易见的。

在这里，霍布斯对修昔底德在君主与僭主、王道与霸道问题上的委婉教诲做了更为直白的表述，亚里士多德的所谓公民哲学（Civil Philosophy），"把平民国家以外的一切国家（如当时的雅典）都称为暴君国家（Tyranny）。所有的国王他们都称为暴君（Tyrants），征服他们的拉栖第梦人所建立的三十个贵族统治者，他们称之为三十僭主（暴君）。他们还把处于民主政治（Democracy）下的人民的状况称为自由（Liberty）。暴君原来所指的不过是君主（Monarch）。但

---

① 霍布斯：《论公民》，第122—123页。

到后来当希腊大部分地方废除了这种政府之后,这一名称便不但指原先所指的意义,而且还加上了平民国家(Popular States)对它所抱的仇恨"。①

霍布斯认为,以亚里士多德为代表的异教哲学家以及当代神学家们囿于那些空洞而虚妄的哲学教条,殊不知,梭伦的立法再精美,若没有"僭主"庇西特拉图的意志力和决断力,也只能形同具文。雅典民主政治若丧失了"第一公民"伯里克利的强有力领导,其法理上的优势非但在实践中难以发挥,反而会在党争的旋涡中无法自拔,最终走向自我毁灭。为此,霍布斯这样提醒我们:"使法律具有力量和权威的不是空谈和允诺,而是人和武力……一个具有天生知觉的人,纵使既不能写也不能读,谁又看不到自己是受着自己所畏惧、并相信在自己不服从时就可以杀害或伤害自己的人的统治呢?谁又会相信没有人插手、没有人握着剑做后盾,纸上谈兵的法律能够伤害自己呢?这也是有毒害的错误之一,因为这些错误诱使人们在自己不喜欢自己的统治者时,就会依附于把这些统治者称为暴君的人,并认为对他们发起战争是合法的。"②

在霍布斯看来,人民服从统治还是不服从统治,才是一切政府形式的关键,这也是他毕生戮力为之的"公民科学"

---

① 《利维坦》,第552—553页。
② 《利维坦》,第553页。

的根本,"任何一种国家,人民要是不服从,因而不协调的话,他们非但不能繁荣,而且不久就会解体。不服从而光要改革国家的人将会发现他们这样一来就把国家毁了"。① 为此,霍布斯的结论指出:"我相信自然哲学中最荒谬的话莫过于现在所谓的亚里士多德的形而上学,他在《政治学》中所讲的那一套正是跟政治最不能相容的东西,而他大部分的《伦理学》则是最愚蠢不过的说法。"②

雅典帝国曾经被这一套"邪恶的教诲"引上邪路,公元前429年即战争第二年,"第一公民"伯里克利因身染疠疫去世,民众的愚蠢鲁莽造就野心家的巧舌如簧,而野心家的巧舌如簧反过来更加促进民众的愚蠢,由于缺乏单一的主权意志,近在咫尺的帝国事业最终一败涂地。如今的英帝国能否避免重蹈覆辙?霍布斯发现,英国的大学正充斥着那些"邪恶的教诲",它们不是教育年轻人服从法律、维护秩序、履行义务,而是向他们灌输叛乱思想,使他们养成蔑视权威甚至颠覆国家的精神戾气,大学俨然成为即将摧毁整个英国的"特洛伊木马"。③ 为此,霍布斯指出,主权者应根除大学里年轻人正在熏染的错误学说的流毒,代之以"公民学说的正确原理",④主权的代表者应当"教导人民不

---

① 《利维坦》,第263—264页。
② 《利维坦》,第542页。
③ *Behemoth*, P. 159.
④ 《论公民》,第137页。

要爱好自己在邻邦中所见到的任何政府形式更甚于自己的政府形式。同时也不要因为看到统治形式和自己不同的国家目前繁荣昌盛,因而见异思迁"。①

四 修昔底德式的"悲剧诗"与霍布斯式的"立法诗"

霍布斯彻底颠覆了亚里士多德的伦理-政治学说,树立了修昔底德的权威,进而在全新的道德根基上重建政治科学。在霍布斯眼里,修昔底德绝对不是通常意义上的历史学家,其英译标题《伯罗奔尼撒人与雅典人战争》以及《狸希莫,或长期议会》均未出现"历史"字样,即为明证。已届不惑之年的霍布斯翻译修昔底德,对霍布斯来说,翻译即是一个重新发现并领会修昔底德教诲的过程,修昔底德叙事绵密、修辞高妙,其真实主张秘而不宣、隐而不彰,正是霍布斯发现了史学家修昔底德面具背后的哲学家修昔底德,从这一点上说,《利维坦》即便是对人文主义传统中"历史"观念的否定,也并非如施特劳斯所说的是对修昔底德的否定。②

---

① 《利维坦》第263页。
② 列奥·施特劳斯:《霍布斯的政治哲学》,申彤译,译林出版社2001年,第113页。

修昔底德的战争叙事是一部"悲剧诗",而《利维坦》无疑是一部"立法诗",立法诗与悲剧诗彼此呼应、互为表里。霍布斯对修昔底德之通透理解,古今无出其右,正是霍布斯继修昔底德本人之后,再次向世人确证并揭示了"与天地久长、与日月同辉"的真正意涵。已入晚境的霍布斯重操旧业,翻译《荷马史诗》,可以想见,这个荷马首先是修昔底德精神世界的荷马,作为哲学家的霍布斯要树立人类自由意志的权威,但他不能不感到命运之力的强大,德行与命运、自由与必然、理性之光的硬朗与命运之歌的悲凉,霍布斯毕生与修昔底德为伴,与曾经陪伴修昔底德的荷马为伍。

将政治世界的真理揭示给世人或政治家,哲学家必然要为此付出代价甚至遭遇风险,修昔底德深谙此道,他委婉曲折、寓贬于褒,霍布斯对此心领神会,但作为立法哲人,一方面要通过"坚实的推理能力"发现真理的原则,另一方面则要通过"雄辩的口才"与没有是非对错的流行见解和人们变化不定的激情和利益打交道。"坚实的推理能力"发现真理,"雄辩的口才"美化真理,推理能力要发挥其应有的现实功效,需要"动人心弦、使人悦服的雄辩口才",在霍布斯看来,这两种素养可以通过教育和训练调和起来。霍布斯指出,与自然科学不同,在道德科学中,需要将明晰的判断力(clearness of Judgement)和广阔的想象力(largeness of Fancy),深入的推理能力(strength of Reason)和优美的口才(graceful Elocution),作战的勇气(a Courage for the War)和对法律的畏服(a Fear for the Laws)等等出色地结合在一个人身上。① 这既可以被理解为霍布斯的自勉,也不妨理解为霍布斯的自述,其当代的典范如霍布斯所说是其横遭不幸的"尊贵的友人"哥多尔芬(Sidney Godolphin),其古代的典范正是修昔底德。

---

① 《利维坦》,第 567—568 页。

后　　记

本书是笔者2017年出版的《帝国的兴衰：修昔底德的政治世界》一书论题的延伸，如果说《帝国的兴衰》旨在进入文本，条缕希罗多德和修昔底德的叙事线索，钩沉著述家的写作旨趣和精神教诲，那么《修昔底德四论》则意在走出文本，将修昔底德纳入西方政治理论基本的问题脉络之中，前后左右探察，在彰显修昔底德于西方大传统中的枢纽地位的同时，揭示西方政治传统的内在张力与核心关切。

《修昔底德四论》包括四篇长文，既独立成篇，又彼此呼应，四论分别聚焦修昔底德乃至西方政治传统的四个面向：

《帝国的政治理论：修昔底德与希罗多德》，揭橥西方历史著述传统的常与变，申述修昔底德对希罗多德思想传统的起承转合,以及这一转合背后折射出的时代的精神状况。

《帝国、政治与哲学:柏拉图与修昔底德》,缕述西方大传统中的两种小传统分道扬镳进而势同水火的来龙去脉,追溯柏拉图与修昔底德、哲人与政治人、真理与意见、灵魂与祖国彼此纠结的历史基源。

《为"政治人"申辩:修昔底德与亚西比德》,彰显政治人亚西比德在修昔底德文本中的核心地位,修昔底德为亚西比德申辩的春秋笔法以及内含于其中深沉委婉的精神教诲。

《"立法诗"与"悲剧诗":霍布斯与修昔底德》,揭示修昔底德对于霍布斯立法科学的框架性意义,借以透视现代政治理论在古-今、经-史之间融会贯通的内在机理。

希罗多德透过历史,观照当下,修昔底德借助当下,洞烛未来,从希罗多德到修昔底德,从吕底亚帝国到波斯帝国,从雅典帝国到未来的帝国,历史、当下、未来交相辉映,浑然一体。探问帝国兴衰背后的深层机理,修昔底德与希罗多德一脉相承、不绝如缕。修昔底德与希罗多德,帝国的政治理论留给我们的问题在于:富丽堂皇的帝国大厦背后潜藏着怎样的深层危机? 被财富欲和权势欲裹挟的帝国人民将会付出怎样的精神代价?

伯里克利离世、伯罗奔尼撒战争中雅典帝国覆灭、苏格拉底遭遇审判最终慷慨赴死,雅典审判哲人苏格拉底前后持续时间不到半年,而苏格拉底的学生们审判雅典却在柏拉图的感召下演化为一场持续2500年的精神接力。柏拉图与修昔底德,著述家留给我们的问题在于:哲学拷问政治的边界应该落在何处? 哲学教育与公民教育有着怎样的分际? 以学术为业者需要具备怎样的政治判断力和决断意志?

在哲学与政治之间折冲樽俎,亚西比德为我们提供了理解其中纠结原委的生动案例,哲人世界的美善正义令亚西比德为之倾倒,政治世界的权势机变使亚西比德心醉神迷。作为雅典帝国由盛走衰的关键人物,亚西比德于两个世界之间纠结彷徨、进退失据,最终落得身败名裂,帝国事业昙花一现,哲人苏格拉底也因此备受牵连。修昔底德笔下的政治人亚西比德,与柏拉图笔下的哲人苏格拉底形成耐人寻味的呼应。修昔底德与亚西比德、亚西比德与苏格拉底,他们留给我们挥之不去的疑问在于:究竟是谁"败坏"了雅典青年亚西比德? 是哲人苏格拉底,抑或民主帝国?

后世真正领会修昔底德精神教诲者,霍布斯独领风骚,古今无出其右者,霍布斯称得上修昔底德哲学上的同时代人。哲学与政治势不两立,经学与史学彼此分途,上帝与凯撒分庭抗礼,最终在霍布斯那里实现了大综合。霍布斯别开生面,将修昔底德式的"悲剧诗"改造为霍布斯式的"立法诗",将修昔底德意义上的政治史学创造性地转化为一种全新的公民科学。

《修昔底德四论》中《帝国、政治与哲学:柏拉图与修昔底德》和《"立法诗"与"悲剧诗":霍布斯与修昔底德》曾分别发表于《中国政治学》(2018年2月,总第二辑)和《云南大学学报》(2016年12月号),其中前者还曾作为"附录"收录于《帝国的兴衰》。另两篇(《帝国的政治理论:修昔底德与希罗多德》和《为"政治人"申辩:修昔底德与亚西比德》)皆为未刊稿。

今年恰逢笔者从教二十周年,在本人的教学和研究生涯中,修昔底德有着至关重要的地位,《伯罗奔尼撒战争史》作为笔者的案头书,每次开卷,必有进益。在本人的学术征途中,修昔底德始终是不可或缺的精神陪伴、取之不竭的灵感源泉。感谢跟随我一道研读修昔底德的历届复旦学子,他们强烈的好奇心、求知欲和上进心,成为笔者仰之弥高钻之弥坚的精神动力。

本书献给伟大的修昔底德,也献给追求上进的青年学子。

任军锋

2021年12月25日

于复旦大学文科楼731室

图书在版编目(CIP)数据

修昔底德四论/任军锋著；——上海：华东师范大学出版社，2022
（六点评论）
ISBN 978-7-5760-3010-5

Ⅰ.①修… Ⅱ.①任… Ⅲ.①修昔的底斯（Thukydides 前460—前400）—史学思想—研究 Ⅳ.①K095.45

中国版本图书馆 CIP 数据核字(2022)第 120457 号

华东师范大学出版社六点分社
企划人 倪为国

本书著作权、版式和装帧设计受世界版权公约和中华人民共和国著作权法保护

六点评论
修昔底德四论

著　　者　任军锋
责任编辑　彭文曼
责任校对　王寅军
封面设计　吴元瑛

出版发行　华东师范大学出版社
社　　址　上海市中山北路3663号　邮编　200062
网　　址　www.ecnupress.com.cn
电　　话　021-60821666　行政传真　021-62572105
客服电话　021-62865537　门市（邮购）电话　021-62869887
地　　址　上海市中山北路3663号华东师范大学校内先锋路口
网　　店　http://hdsdcbs.tmall.com

印　刷　者　上海盛隆印务有限公司
开　　本　890×1240　1/32
印　　张　3.5
字　　数　55千字
版　　次　2022年9月第1版
印　　次　2022年9月第1次
书　　号　ISBN 978-7-5760-3010-5
定　　价　38.00元

出版人　王　焰

（如发现本版图书有印订质量问题，请寄回本社客服中心调换或电话021-62865537联系）